大规模清洁能源高效消纳关键技术丛书

大数据辅助清洁能源生产服务技术

俞海国 等 编著

中国水利水电出版社
www.waterpub.com.cn
·北京·

内 容 提 要

本书全面、系统地阐述了包含大数据技术辅助清洁能源生产业务的研究背景意义、国内外研究现状、大数据前沿技术等内容，对清洁能源数据标准和模型、技术架构、生产应用等方面进行了剖析。

本书通俗简练、系统翔实、图文并茂，适合作为从事大数据技术研发、大数据技术应用等工作的工程技术人员提高专业能力、扩展知识面的培训教材和参考资料，也可供相关专业的师生参阅。

图书在版编目（CIP）数据

大数据辅助清洁能源生产服务技术 / 俞海国等编著. -- 北京 : 中国水利水电出版社, 2020.3
（大规模清洁能源高效消纳关键技术丛书）
ISBN 978-7-5170-8357-3

Ⅰ. ①大… Ⅱ. ①俞… Ⅲ. ①无污染能源－生产服务－产业发展－中国 Ⅳ. ①F426.2

中国版本图书馆CIP数据核字(2021)第048745号

书　　名	大规模清洁能源高效消纳关键技术丛书 **大数据辅助清洁能源生产服务技术** DASHUJU FUZHU QINGJIE NENGYUAN SHENGCHAN FUWU JISHU
作　　者	俞海国　等 编著
出版发行	中国水利水电出版社 （北京市海淀区玉渊潭南路 1 号 D 座　100038） 网址：www. waterpub. com. cn E－mail：sales@waterpub. com. cn 电话：（010）68367658（营销中心）
经　　售	北京科水图书销售中心（零售） 电话：（010）88383994、63202643、68545874 全国各地新华书店和相关出版物销售网点
排　　版	中国水利水电出版社微机排版中心
印　　刷	北京瑞斯通印务发展有限公司
规　　格	184mm×260mm　16 开本　9.5 印张　197 千字
版　　次	2020 年 3 月第 1 版　2020 年 3 月第 1 次印刷
印　　数	0001—3000 册
定　　价	**58.00** 元

《大规模清洁能源高效消纳关键技术丛书》
编　委　会

本书编委会

主　　编　俞海国

副 主 编　周群星　王蔚青　张节潭　范克威　王有虎

编　　委　王　雄　金　金　郭树锋　冯　鹤　杨　鸿　刘少明
李春来　徐有蕊　秦旭武　王茂春　王光辉　鲜文军
李延和　温生毅　屈红军　张明杰　胡东岗　陈佳鑫
杨　凯　张滈辰　贾　昆　韩良煜　宋继红　钟宪成
于连城　丁明静　李文明　苏　蔚　李国栋　魏海刚
李　鹏　刘玉文　杨立滨　李正曦　刘庭响　周万鹏
安　娜

参编单位　国网青海省电力公司
青海绿能数据有限公司
国网青海省电力公司信息通信公司
青海省电力公司清洁能源发展研究院
北京金风慧能技术有限公司

Preface
序

世界能源低碳化步伐进一步加快，清洁能源将成为人类利用能源的主力。党的十九大报告指出：要推进绿色发展和生态文明建设，壮大清洁能源产业，构建清洁低碳、安全高效的能源体系。清洁能源的开发利用有利于促进生态平衡，发展绿色产业链，实现产业结构优化，促进经济可持续性发展。这既是对我中华民族伟大先哲们提出的“天人合一”思想的继承和发展，也是党中央、习主席提出的“构建人类命运共同体”中“命运”质量提升的重要环节。截至2019年年底，我国清洁能源发电装机容量9.3亿kW，清洁能源发电装机容量约占全部电力装机容量的46.4%；其发电量2.6万亿kW·h，占全部发电量的35.8%。由此可见，以清洁能源替代化石能源是完全可行的。

现今我国风电、太阳能等可再生能源装机容量稳居世界之首；在政策制定、项目建设、装备制造、多技术集成等方面亦具有丰富的经验。然而，在取得如此优势的条件下，也存在着消纳利用不充分、区域发展不均衡等问题。目前清洁能源消纳主要面临以下困难：一是资源和需求呈逆向分布，导致跨省区输电压力较大；二是风电、光伏发电的出力受自然条件影响，使之在并网运行后给电力系统的调度运行带来了较大挑战；三是弃风弃光弃小水电现象严重。因此，亟须提高科学技术水平，更加有效促进清洁能源消纳的质和量，形成全社会促进清洁能源消纳的合力，建立清洁能源消纳的长效机制，促进清洁能源高质量发展，为我国能源结构调整建言献策，有利于解决清洁能源产业面临的各种技术难题。

“十年磨一剑。”本丛书作者为实现绿色能源高效利用，提高光、风、水、热等多种能源综合利用效率，不懈努力编写了《大规模清洁能源高效消纳关键技术丛书》。本丛书从基础研究、成果转化、工程示范、标准引领和推广应用五个环节着手介绍了能源网协调规划、多能互补电站建模、测试以及快速调节技术、多能协同发电运行控制技术、储能运行控制技术和全国集散式绿色能源库规模化建设等方面内容。展现了大规模清洁能源高效消纳领域的前沿技术，代表了我国清洁能源技术领域的世界领先水平，亦填补了上述科技工程领域的出版空白，望为响应党中央的能源转型战略号召起一名“排头兵”的作用。

这套丛书内容全面、知识新颖、语言精练、使用方便、适用性广，除介绍基本理论外，还特别通过实测建模、运行控制、测试评估等原创性科技内容对清洁能源上述关键问题的解决进行了详细论述。这里，我怀着愉悦的心情向读者推荐这套丛书，并相信该丛书可为从事清洁能源消纳工程技术研发、调度、生产、运行以及教学人员提供有价值的参考和有益的帮助。

中国科学院院士 卢强

2019年9月3日

Foreword 前言

从全球范围来看，清洁能源发展势头强劲，新增装机容量已超过传统化石能源，标志着新旧能源交替“拐点”已正式来临。据国际能源署（International Energy Agency，IEA）预测，未来5年，新增装机容量中，60%以上为清洁能源，至2021年年底，全球清洁能源发电量可达7.6万亿kW·h，占总发电量的28%，届时，清洁能源将成为未来主导能源。从我国发展情况来看，我国经济发展正处于弯道超车的重要阶段，破解新常态下传统能源产能过剩、可再生能源发展瓶颈制约、能源系统整体运行效率不高等突出问题，必须依赖清洁能源的创新发展。目前，我国可再生能源发电装机容量已突破6亿kW，稳居全球首位。

《能源发展“十三五”规划》指出，“十三五”时期非化石能源消费比重要提高到15%以上，发展清洁能源已成为我国建设生态文明、推进绿色发展的重要战略性支撑。然而，清洁能源发电的普遍特点就是出力不稳定，具有随机性，同时也存在地理位置分布和用电负荷分布不均衡，季节周期不匹配的问题。本书作者秉承“互联网+”的开放共享理念，深度融合能源科技和信息通信技术，以科技创新带动模式创新，对向清洁能源全产业链提供创新模式这一课题开展了一系列研究，希望通过整合线上的数据技术和线下的服务资源，构建完整的运营体系，探索“共享智慧运营服务”模式，为政府、制造业、发电企业、电网公司提供覆盖清洁能源规划、设计、装备制造、建设、运营、检修、回收的全产业链服务，推动清洁能源产业持续健康发展。

全书共5章，第1章背景和意义，介绍了清洁能源发展现状和能源转型的要求和意义；第2章大数据技术现状，介绍了大数据发展前沿技术、清洁能源数据标准和模型技术，以及大数据辅助清洁能源生产服务的相关技术；第3章大数据平台架构，介绍了基于大数据开展能源转型过程中涉及的平台架构设计技术、数据模型和标准技术、数据来源及数据流向；第4章大数据平台服务体系，介绍了能源大数据中对业务体系和运营体系方法和演进路线的思考；第5章大数据支撑的生产服务，介绍了无人值班模式、集中功率预测、托管运维、共享运维和设备智能诊断等模式的落地思考。

大数据辅助清洁能源生产服务是一个发展中的新课题，还有许多问题有待进一步研究。本书的编写过程，得到了青海绿能数据有限公司的大力支持，同时也得到了国网青海省电力公司、中国电力科学院有限公司、国网青海省电力公司信息通信公司及有关高校等单位的大力支持。

本书是一个初步研究成果，有待继续深入，诚望各界专家和广大读者提出各种意见和建议。同时，限于作者水平，本书难免有疏漏或错误之处，敬请读者批评指正。

作者

2019年9月

Contents 目录

第1章

背景和意义

1.1 清洁能源发展现状

能源是可以从其中获得热、光和动力之类能量的资源。清洁能源是绿色能源，是指不排放污染物、能够直接用于生产生活的能源。能源作为经济社会发展的重要物质基础，也是世界各国在竞争中涉及的最重要战略资源，能源与资源格局的变化将深刻影响世界政治和经济走向。从高碳到低碳再到零碳，发展清洁能源已经成为人类文明绿色永续发展的必然选择。

维克托·迈尔·舍恩伯格曾在《大数据时代》一书中具有前瞻性地指出，大数据带来的信息风暴正在变革我们的生活、工作和思维，大数据开启了一次重大的时代转型。对于清洁能源发展来说，大数据带来了变革的曙光，大数据技术在清洁能源全产业链的应用将加速推进清洁能源产业发展和商业模式的创新，最终推进能源生产和消费革命，加快构建清洁低碳、安全高效的现代能源体系进程。

新时代赋予了清洁能源发展新的使命。国家电网公司以电网规划引领清洁能源有序发展。为贯彻落实习近平总书记讲话精神，青海省作为首个省份，由青海省电力公司开展了连续9天216h的全清洁能源供电尝试，创造了世界“绿电”供应的新纪录。基于“绿电9日”的成功实践，青海在发展清洁能源，推动建立安全、清洁、经济的现代能源供应体系，保护好“中华水塔”，抢占能源科技制高点，驱动绿色能源示范省建设中做出了积极探索，能源转型和清洁能源的快速发展对保障中华民族永续发展具有重要而长远的意义。

十九大报告强调，要壮大节能环保产业、清洁生产产业、清洁能源产业，突出了要推进能源生产和消费革命，构建清洁低碳、安全高效的能源体系。

各省积极开展了有力探索，例如《青海省建设国家清洁能源示范省工作方案（2018—2020年）》（简称《方案》）中指出，到2020年，基本形成国家清洁能源示范省建设框架和发展机制，清洁能源开发利用水平达到全国前列，清洁能源生产比重达到51%，消费比重达到41%，国家清洁能源基地建设取得重大突破，清洁能源发电装机容量实现跨越式增长，特高压外送通道工作取得重大进展，构建起相对完整、具有较强竞争优势的新能源产业链，初步建成全国重要的新型能源产业基地。《方案》明确指出，以科技创新为支撑，打造清洁能源配套产业强省，构建市场导向的绿色技术创新体系，光伏转化率、延长光热储能时间、提升风电智能装备制造水平，围绕光热、分布式发电等新技术、新模式、新业态，抢占新能源产业主导权，稳步壮大清洁能源产业；依托青海新能源大数据中心、光伏发电实证基地，争取设立国家清洁能源实验室，形成代表国家水平、国际同行认可、在国际上拥有话语权的科技创新实力，成为青海省抢占国际太阳能科技制高点的重要战略平台。

2019 年 1 月，国家电网公司创造性地提出了“三型两网、世界一流”的战略目标和“一个引领、三个变革”的战略路径，首次提出“泛在电力物联网”的概念。3 月，泛在电力物联网建设工作部署电视电话会议指出，要充分发挥电网的枢纽作用，不断优化价值流向，打造新业态、新模式，通过资源共享共用推动能源生态圈的价值共创。泛在电力物联网，可以理解为一个通过数据共享、业务融合实现多方共生、共赢的一体化平台。通过这个平台，能够推动新技术、新模式与新生态的全面繁荣。

国家电网公司提出要瞄准“三型两网、世界一流”的战略目标，坚持“一个引领、三个变革”的战略路径，实现世界一流能源互联网企业的新时代战略目标，充分发挥电网的枢纽作用，利用电网广泛互联的网络属性，打造新业态、新模式，树立开放共赢的共享理念，建设好坚强智能电网和泛在电力物联网，从而解决电网的突出问题，应对挑战，开辟新的发展路径。

早期的清洁能源电站建设及运营方式基本采用粗放建设、摊大饼式的经营模式，在数字化、智能化技术已经在各行各业大面积应用并产生价值的背景下，“风火同价”“风电限电逐步放开”等政策作用对清洁能源电站的精益化管理、经营效益提出更大的挑战与推动。传统的建设与运营方式已经明显不能适应对清洁能源高效利用、高效经营的实际需求。

以“阿尔法狗”为代表的人工智能技术战胜了围棋冠军柯洁，再次证明了以“深度学习”为理论基础的人工智能技术在分析、逻辑推理等方面的精准计算能力与依赖人工智能技术实现的大数据、大计算、大决策越发强大，依赖人工智能技术的无人驾驶汽车、智能制造、智能医疗、智能金融等创新应用模式已经产生了巨大的数字价值；以共享单车为代表的共享经济通过解决数字鸿沟、加强资源共享实现了以数字为基础的新模式、新业态与新经济。

就如何推动“互联网+”“人工智能”在清洁能源行业的真正落地，通过互联网、人工智能、大数据等新技术加持清洁能源行业，实现清洁能源管理精益化、管控精准化、资源共享化，进而推动清洁能源新技术、新模式、新业态的演进成熟，各省开展了试点应用。其中青海省作为清洁能源改革示范省，选取智慧风电站典型试点率先应用，以试点切入，继而以点带面向全青海省推广相关技术与创新模式。

1.2 能源转型的要求和意义

从全球范围来看，清洁能源发展势头强劲，新增装机容量已超过传统化石能源，标志着新旧能源交替“拐点”已正式来临。据IEA预测，未来5年，全部能源装机容量增量中，超过60%都将来自清洁能源，至2021年年底，全球清洁能源发电量可达7.6万亿kW·h，占总发电量的28%，届时，清洁能源将成为未来的主导能源。

从我国发展情况来看，我国经济发展正处于弯道超车的重要阶段，破解新常态下传统能源产能过剩、可再生能源发展瓶颈制约、能源系统整体运行效率不高等突出问题，必须依赖清洁能源的创新发展。目前，我国可再生能源发电装机容量已突破6亿kW，稳居全球首位。《能源发展“十三五”规划》指出，“十三五”时期非化石能源消费比重要提高到15%以上，发展清洁能源已成为我国建设生态文明、推进绿色发展的重要战略性支撑。

例如，青海省作为绿色能源示范省，具备发展清洁能源的先决条件，在资源禀赋方面，青海省自然条件优越，可开发利用的资源丰富，清洁能源装机容量占比达83.9%，居全国首位。其中，水电装机容量1190万kW，占比47.6%，光伏装机容量785万kW，占比31.4%，风电装机容量121万kW，占比4.9%；火电装机容量402万kW，占比16.1%。同时，青海正在全面建设两个千万千瓦级国家清洁能源示范基地，推进特高压直流输电通道建设，为青海清洁能源大规模外送创造了条件，也为全国能源转型提供了“青海样板”。

但同时，清洁能源发电的普遍特点就是出力不稳定、具有随机性，也存在地理位置分布和用电负荷分布不均衡、季节周期不匹配的问题。技术瓶颈影响清洁能源健康发展；经济瓶颈影响清洁能源产业快速发展；合作发展瓶颈影响清洁能源开放发展；规律认识瓶颈影响清洁能源科学发展。资源优势和发展挑战为清洁能源发展创造了广阔空间。随着新一轮科技革命的兴起，以大数据分析技术、云计算技术、物联网技术、区块链技术、人工智能技术为核心，能源行业也将掀起一场颠覆性的科技革命。

构建清洁低碳安全高效能源体系、推进清洁能源大规模发展和消纳必须以关键基地为试点，进而向全国推广。健全的特高压直流输电通道有效解决了弃风弃光等清洁能源消纳问题。

以青海省为例，青海省“绿电9日”创造了人类清洁能源利用方面的世界纪录，此举在我国尚属首次，为我国清洁能源大范围优化配置积累了宝贵的经验。同时，清洁能源实时柔性控制、光伏并网监测等一系列针对清洁能源发电波动、间歇、随机特点研制的关键技术在青海省研究成功并项目化应用，初步建成了一个中心、一个基地，形成了强大的科研能力。依托青海省现有的清洁能源技术、规模优势，建成全国清洁能源生产、输配、利用的先行先试基地，进而向全国范围推广，是实现我国清洁能源发展战略的有效路径。

当前，工业互联网和大数据方兴未艾，互联网创新发展与新工业革命正处于历史交汇期。新一轮工业革命为清洁能源的发展提供了机遇，要构建数字驱动的能源新生态，需以数据为关键要素打造清洁能源大数据创新平台，实现清洁能源产业链共生、共享和共赢，形成清洁能源健康持续生态。大数据的业务价值发现涉及不同的细分领域，要以开放、共享的方式吸引合作伙伴共同参与，提供服务产品。电网企业在能源产业链中一直处于中心地位，从源、网、荷的角度来看，电网企业处于中心环节，电力的生产端和消费端都与电网企业存在天然的链接；同时，电网企业在能源科技研发和实用化方面积累深厚，在先进的通信信息技术应用方面经验丰富，处于国内领先水平；电网企业在网络基础设施、人才、安全标准等核心资源方面具备巨大的领先优势。因此电网企业有条件依托中心地位，以开放共享的理念聚集行业合作伙伴、帮助他们掌握技术资源、放大服务产品的业务价值，在为数据生产方和数据消费方提供服务的同时，依托清洁能源大数据创新平台的建设与运营，完成数据的汇聚和价值形成。

清洁能源大数据创新平台凭借在资源、技术、人才等方面的积累优势，应用物联网、大数据、云计算等先进的信息通信技术，建设国内领先的创新服务支撑平台；融合“互联网+”思维，汇聚行业智慧、转化创新成果，运营开放、共享的创新服务中心；秉承开放、共享理念，从清洁能源角度切入，贯穿源、网、荷业务，打造覆盖能源生产和能源消费全产业链的共生共赢创新服务生态。围绕着平台层、服务层和生态层推进大数据创新平台建设过程。

清洁能源大数据创新平台，作为一项创新业务，不单是简单的平台信息化建设，同时也是创新服务业务的运营。因此，在业务运作总体思路上，要坚持建设与运营并重，坚持“两手抓”：一手抓平台建设；一手抓平台运营。平台建设是长期持续的业务主线，平台构建坚持快速迭代的敏捷原则，跟进业务的不断演进，不断完善平台在物联网、大数据和开放开发平台等方面的支撑能力；在平台建设的同时，并行完善各类数据标准、安全标准和服务标准，沉淀数据资产，服务平台参与方。运营是平台型业务模式的核心点，通过各种运营方法和手段的应用，创新平台会不断地推出有业务价值的服务产品；特定的服务产品有一家或者多家服务提供方，同时有多家服务消费方使用这样的服务。

第2章

大数据技术现状

2.1 大数据发展前沿技术

2.1.1 国外技术发展

美国工业互联网的发展一直走在世界前列，其工业大数据的发展是伴随工业互联网发展而逐渐衍生出来的渐进式发展，是工业企业收集数据数量和维度不断积累的结果。早在2009年美国就率先开放数据平台Data.gov。2012年，美国发布先进制造战略，并将工业大数据作为支撑先进制造的技术手段。同年，公布《大数据的研究和发展计划》，承诺将投资总共超过2亿美元大力推动和改善与大数据相关的收集、组织和分析工具及技术。2013年2月，美国投资2亿美元建设三个新的制造业创新研究所，其中一个是数字制造和设计创新研究所（Digital Manufacturing and Design Innovation Institute，DMDI），主要研究数据在产品全生命周期中的交换以及在供应链网络间的流动，涉及设计、工程、制造和系统维护过程中的数据对接和转换技术。2014年美国发布《先进制造合作伙伴》报告2.0，确立优先发展的三大技术领域，即先进传感器、控制和制造平台（advanced sensing，conterd and platforms for manufacturing，ASCPM）技术，可视化、信息化和数字化的制造（visualization，informatics and digital manufacturing，VIDM）技术，先进材料制造（advanced materials manufacturing，AMM）技术。其中，VIDM领域是以工业大数据为基础，包含数据线、集成信息系统、大数据及分析三个子领域。数据线技术未来的重点是数字化制造数据本体、制造业数据模型、先进的数据线工具（具备深度分析、仿真和模型化能力）、数据线的网络安全框架以及数据线人才的培养；集成信息系统发展的着力点是制定并推广数据标准、模型和算法，建立实时分析和响应机制，打造异质性系统、基础设施和平台；大数据及分析的未来发展方向是基于全生命周期的元数据标准、数据管理、数据分析和可视化，私有数据的交换和共享、数据治理。美国计划5年内，50%的目标行业（如航空航天、自动化、化工等）使用VIDM的工具和方法，

20年内，这一数据达到90%。整体而言，美国工业大数据的发展特点更注重网络化和服务化，更注重工业“软实力”。

德国是欧盟国家中信息化程度较高的国家。随着传统制造业的数字化升级，为确保其在大数据时代居于欧洲领先地位，德国于2013年正式将“工业4.0”战略纳入了《高技术战略2020》。德国“工业4.0”的实施重点在于信息互联技术与传统工业制造的结合。通过信息网络与物理生产系统的融合来改变当前的工业生产与服务模式，使未来的生产过程变得更加快捷。据德国国家科学与工程院估算，“工业4.0”可以使企业的生产效率提高30%。在“工业4.0”战略中，生产企业如果能够增强对大数据的处理能力，整个行业就能更快地迈向数字化与信息化的新阶段。2014年，德国推出《2014—2017年数字议程》，提出在变革中推动“网络普及”“网络安全”“数字经济发展”三个重要进程，希望以此打造具有国际竞争力的“数字强国”。德国在数字化工厂、无人工厂等领域涌现了一大批世界级的优秀企业，其工业大数据的发展与其强大的工业体系分不开。相对美国等其他国家工业大数据的发展特点而言，德国工业大数据更注重智能化和信息化，更注重工业“硬实力”。

法国在大数据发展方面也不甘示弱。法国政府在2013年投入近1150万欧元，用于7个大数据市场研发项目。目的在于“通过发展创新性解决方案，并将其用于实践，来促进法国在大数据领域的发展”。法国政府在《数字化路线图》中列出了五项将大力支持的战略性高新技术，大数据就是其中一项。2015年5月，法国政府对“新工业法国”计划进行了大幅调整，发布“新工业法国Ⅱ”。“新工业法国Ⅱ”内容包括一个核心九大支点，其中大数据经济是第一大支点。

欧盟也相继发布多项政策支持大数据发展。2014年，欧盟议会通过“个人数据保护规定”。欧盟委员会7月宣布，拟推出一系列措施助推大数据发展，包括建立大数据领域的公私合作关系，依托“地平线2020”科研规划创建开放式数据孵化器，就“数据所有权”和数据提供责任做出新规定、制定数据标准。欧盟委员会已通过决定，将大数据技术列入欧盟未来新兴技术（future emerging technologies，FET）行动计划，加大技术研发创新资助力度。截至目前，欧盟委员会公共财政资助支持的大数据技术研发创新重点优先领域主要包括云计算研发战略及其行动计划、未来物联网及其大通量超高速低能耗传输技术研制开发、大型数据集虚拟现实工具新兴技术开发应用、面对大数据人类感知与生理反应的移情同感数据系统研究开发、大数据经验感应仪研制开发等。

2.1.2 国内技术发展

在我国，经历多年的探索、实践与培育，互联网与工业融合已具备相当规模的创新主体，新产品、新业态、新模式不断涌现，孕育新兴市场、带动长尾需求力释放。

融合创新赖以实现的技术、网络、平台等基础建设正加速完善，以中国互联网与工业融合创新联盟为代表的行业平台组织相继成立，产业生态初步构筑，已具备持续规模推进的现实基础。一些领先的工业企业和生产性服务企业已成为融合生态体系中各种创新活动的主要载体和践行者，传统工业企业互联网化转型明显加快，部分工业企业在互联网浪潮中主动把握发展机遇，在战略、组织、业务、管理等方面实施由内而外的全面变革，将客户、供应商、服务商、员工聚集于企业全互联阵营中，推动实现从有界向无界、垂直向扁平、制造向服务的转型，并由此成为融合创新的主力军。

但就工业大数据而言，我国工业企业对大数据的利用水平明显落后于社交、电子商务等其他行业。为支持和引导我国工业大数据的发展，2013 年 8 月，工业和信息化部发布的《信息化和工业化深度融合专项行动计划（2013—2018 年）》指出，促进工业大数据集成应用是重点行动内容之一。支持和鼓励典型行业骨干企业在工业生产经营过程中应用大数据技术，提升生产制造、供应链管理、产品营销及服务等环节的智能决策水平和经营效率。支持第三方大数据平台建设，面向中小制造企业提供精准营销、互联网金融等生产性服务。推动大数据在工业行业管理和经济运行中的应用，形成行业大数据平台，促进信息共享和数据开放，实现产品、市场和经济运行的动态监控、预测预警，提高行业管理、决策与服务水平。

我国工业大数据的应用刚刚起步，这严重拖后了工业大数据行业的整体发展。概括来说，目前主要有以下的问题：①挖掘工业大数据价值的核心技术体系尚未建立；②行业企业外部数据整合应用不足；③企业各部门之间数据集成应用难度大；④工业大数据加工服务业实力较为薄弱；⑤大数据分析人才匮乏。

解决这些问题需要从政府、行业、企业各层面协同改进大数据生态环境。政策层面，加强政策引导，促进数据整合与集成，加大财税金融等融资政策扶持力度。行业层面，注重复合型人才培养引进，完善人才激励机制，统一标准，构建大数据体系架构。企业层面，加强智能企业建设，优化组织体系、业务体系、产品体系和技术体系，创新管理模式和运行机制，注重协同创新，积极探索新型商业模式，增强企业竞争力。

随着工业化和数字化的深度结合，数字化技术已成为这一轮电力转型的关键所在，能源行业的数字化革命时代已经来临，数字化不但是实现工业物联网和“中国制造 2025”战略的强大驱动力，也是企业实现转型的核心制高点。为了更好地消纳可再生能源，电力行业正在积极运用数字化技术，在满足各国环境法规的前提下，进行更加高效、灵活的经营管理。

当前，我国在数字电站、数字电网及数字化管理方面已经取得瞩目的成就，从生产管理、电力调度再到电力营销等各个业务环节都形成了有效的数字化支撑点。

近年来，数字化在电网建设领域快速发展。国内电网企业高度重视数字化设计研究及实践工作，近年来进行了多项专题研究及工程试点工作。在电网工程数据应用、展现方式等方面进行了创新；与传统输变电工程三维系统相比，在多源数据管理、线路和变电站的有机衔接、海量数据的支持与快速渲染以及节省投资、节约费用等方面都有突破性进展。数字化电网能够及时、全面、准确地获得电网信息，并在生产和经营管理中得到全面的应用。数字化电网需实现以下六个方面的数字化：①电网对象数字化，包括电网三维模型、设备和材料属性；②电网设计过程数字化，实现电网设计过程的全面数字化，并且能够及时地向后续环节移交所需数据；③电网过程控制和实时信息数字化；④事务处理的数字化，也就是各种业务的处理和运行操作数字化；⑤生产经营管理数字化，实现电力生产端、售电侧居民用户和大用户的全面数字化；⑥经营决策数字化。在全面的电网数字化推动之下，数字化电网发展到今天，已经为能源行业带来了翻天覆地的变化；其凭借先进的控制和通信技术，使得能量产生、分配和消耗实现了最大程度的优化。

与电网数字化相似，包含传统火电厂、水电厂、清洁能源电站在内的发电企业也在数字化应用方面快速发展，以新型传感、物联网、智能控制、虚拟现实为技术支撑，以创新的管理理念、专业化的管控体系和一体化数字管理平台为依托，实现覆盖电站管理、控制、经营等诸多业务方面的数字化系统正在许多电站得到应用，大幅降低了电厂的管控难度和运营成本，提高了电站整体运行的稳定性、可靠性。

数字化技术在发电企业、电网企业及用电企业的大量应用为能源行业整体带来重大价值的同时，能源行业也面临着从能源规划到产业协同健康发展的诸多挑战，特别是清洁能源固有特性对电网安全运行带来的挑战更加严峻。一方面，大规模、高集中、高电压、远距离输送，造成电力系统稳定特性更加复杂，电量平衡难度加大，其中清洁能源涉网性能较差，频率、电源耐受能力弱，容易在系统扰动时大规模脱网，并引发连锁反应，因此需加强在线监测手段，以应对清洁能源出力波动性、间歇性大，大规模并网对电网调峰调频和定时交易提出更为严峻的要求；另一方面，清洁能源大规模开发，必将带来发电与消纳不对称的问题，清洁能源规划也缺少全面准确的数据支撑，造成了清洁能源弃风限电等诸多浪费问题。同时清洁能源相关组件的退役回收也面临重大的环保问题。

以上问题，其实是发电侧、电网侧、负荷侧业务协同与数字化程度不够，造成发电与负荷不匹配、电网平衡难度大的问题。

通过构建覆盖发电、储能、配电、售电及用电四个方面的源、网、荷一体化清洁能源大数据创新平台，可以打造能源数据接入与共享标准，聚集各方数据，实现源端数据和负荷侧数据的有机整合和深度协同，将大数据增值服务全方位应用到能源供应链的各个生产环节和消费环节。通过对生产环节和消费环节进行全方位、数字化地打通，实时、精准识别能源需求方与供给方的供需关系，保证向需求方在正确的时间和正确的位置以最低的成本交付，在保证电网功率平衡的同时，为供给方提供更加灵活的能源供给方案，从被动能源供应变为可选择供应对象的方式。

在解决以上问题的同时，数字化模式在能源行业各个角落的普及，形成由数字化构建的全能源服务行业能源生态圈，整合生态圈线上的数据技术和线下的服务资源，构建完整的生态体系，探索“共享智慧运营服务”模式，打造面向整个能源产业链的“共享服务园区”，为政府、制造业、发电企业、电网公司提供覆盖能源规划、设计、制造、建设、运营、检修以及回收的全产业链服务，从而全面推动能源产业持续健康发展。构建清洁能源大数据创新平台按照从“智慧能源管理”到“综合能源服务平台”再到“引领全国能源转型”三步走的整体规划实现以数据资产为核心的智慧能源服务，支持电网公司向多元业务模式转型。

2.2 清洁能源数据标准和模型技术

大数据被称为“碎片中的智慧”，被视为驱动新一轮技术革命的关键力量，正在显现出巨大的经济价值。随着大数据相关技术的不断发展，传统的商业模式将被颠覆，众多企业纷纷开展自己的大数据布局。以风电行业为例，其正处于从传统风电向数字化风电的转型阶段，数字化风电需要全景的数据，风机设计制造、运行、检修和管理过程中会产生海量异构、多态的数据，即大数据。

大数据平台是大数据在技术层面的具体落地，从大数据全生命周期角度来看，覆盖大数据的产生、采集、存储及计算、分析、共享、应用多个环节。如何对它们进行高效、可靠、低廉的存储，并快速访问和分析，是当前重要的研究课题。大数据的规模效应给异构多数据源、数据质量、数据安全、数据共享等方面带来了极大挑战。

大数据标准化是大数据平台成功建设的技术保障。目前要做的是对国内外大数据标准现状展开调研分析，提炼大数据应用面临的重要问题，对大数据标准化进行需求分析，给出大数据标准列表；从大数据全生命周期过程的视角，分析大数据生命周期各环节的标准应用。

2.2.1 大数据技术标准

2.2.1.1 国内外组织相关标准

目前，大数据技术相关标准的研制还处于起步阶段。纵观国内外，国际标准化组织（International Organization for Standardization，ISO）、国际电工委员会（International Electrotechnical Commission，IEC）、国际电信联盟（International Telecommunication Union，ITU）等国际组织以及美国国家标准与技术研究院（National Institute of Standards and Technology，NIST）和我国的全国信息技术标准化技术委

员会等国家组织已经开展了大数据标准化工作。

1. ISO/IEC

ISO/IEC JTC1/SC32（数据管理和交换分技术委员会）是与大数据关系最为密切的标准化组织。其持续致力于研制信息系统环境内及之间的数据管理和交换标准，为跨行业领域协调数据管理能力提供技术性支持，其标准化技术内容涵盖协调现有和新生数据标准化领域的参考模型和框架；负责数据域定义、数据类型和数据结构以及相关的语义等标准；负责用于持久存储、并发访问、并发更新和交换数据的语言、服务和协议等标准；负责用于构造、组织和注册元数据及共享和互操作相关的其他信息资源（电子商务等）的方法、语言服务和协议等标准。ISO/IEC JTC1/SC32 现有的标准制定和研究工作成果为大数据的发展提供了良好基础。

ISO/IEC JTC1/SC32 于 2012 年成立了下一代分析技术与大数据研究组。该组织重点研究对象包括元数据、大数据存储和检索、大数据所支持的复杂数据类型等。

2013 年 ISO/IEC JTC1/SC32 全体会议及工作组会议形成了正式的研究报告，并提交至 ISO/IEC JTC1 审议。该报告提供了关于大数据研究的抽象概念模型，并给出了大数据现有的标准基础，包括元数据、数据存储和检索以及大数据所支持的复杂数据类型三个领域。报告还对大数据标准化的工作方向做出了说明：一是加强元数据标准的研究；二是加强数据存储标准的研究；三是加强支持复杂、半结构化和非结构化等的数据类型标准的研究；四是深入研究 ISO/IEC JTC1/SC32 相关标准，做好协调工作。通过以上四个方向的探索实践，形成有效的标准化成果，用以支持下一代分析技术与大数据研究组相关项目的开展和工具应用。

2014 年 6 月 ISO/IEC JTC1/SC32 在北京全会上，批准了 SQL 对多维数组的支持、SQL 对 JSON 的支持、数据集注册元模型和数据源注册元模型 4 项为大数据提供标准化支持的新工作项。其中 SQL 对 JSON 的支持由我国专家担任编辑。

ISO/IEC JTC1/SC32 在 2014 年举办了主题为“大数据标准化”的开放论坛，为国内外大数据领域的专家学者和产业管理部门人员、IT 界的骨干企业提供了一个开放交流的平台。来自于国内外大数据研究、应用及服务提供领域的专家学者做了相关主题报告，展现了当前大数据技术与标准的发展和应用前景。

ISO/IEC JTC1/SC2 正在进行大数据标准研究调研，并于 2013 年 11 月成立了大数据标准化研究组，2014 年提交了大数据相关技术与标准调研报告以及 JTC1 在大数据标准研发中的需求。

ISO/IEC JTC1（第 1 联合技术委员会）于 2013 年 11 月新成立了负责大数据国际标准化的大数据研究组（ISO/IEC JTC1 SG2）。NIST 专家 Wo Chang 担任召集人。

2014 年 ISO/IEC JTC1 SG2 的工作重点包括：调研 ISO、IEC、ISO/IEC JTC1 等在大数据领域的关键技术、参考模型以及用例等标准基础；确定大数据领域应用需要的术语与定义；评估分析当前大数据标准的具体需求，提出 ISO/IEC JTC1 大数据标准优先顺序；向 ISO/IEC JTC1 提交大数据建议的技术报告和其他研究成果。ISO/IEC JTC1 SG2 的成立，标志着 ISO/IEC JTC 1 开始统筹开展大数据的标准化工作，有利于大数据国际、国内标准化工作的开展。

2. ITU

ITU 在 2013 年 11 月发布了题目为《大数据：今天巨大，明天平常》的技术观察报告，这个技术观察报告分析了大数据相关的应用实例，指出大数据的基本特征和促进大数据发展的技术，在报告的最后部分分析了大数据面临的挑战和国际电信联盟电信标准分局（ITU－T）可能开展的标准化工作。在这份报告中，特别提及了 NIST 和 ISO/IEC JTC1/SC32 正在开展的工作。

从 ITU－T 的角度来看，大数据发展面临的最大挑战包括数据保护、隐私和网络安全；法律和法规的完善。根据 ITU－T 现有的工作基础，开展标准化的工作包括高吞吐量、低延迟、安全、灵活和规模化的网络基础设施；数据集匿名化；网络数据分析；垂直行业平台的互操作；多媒体分析；开放数据标准。ITU－T 正在开展的工作中，与大数据最密切相关的是提出了一项题为“基于大数据的云计算的需求和能力”的新工作项目，以来自中国、韩国和波兰的专家为主进行研发。

3. NIST

NIST 建立的大数据公共工作组（NIST big data public working group，NBD－PWG）的工作内容是建立由产业界、学术界和政府组成的公共环境，形成达成共识的定义、术语、安全参考体系结构和技术路线图，提出数据分析技术应满足的互操作、可移植性、可用性和扩展性需求，提出安全有效地支持大数据应用的技术基础设施，用于大数据相关方选择最佳方案。

NBD－PWG 是一个开放工作组，欢迎来自于产业界、学术界和政府的各方面力量参与并贡献力量。原则上，工作组每周召开一次会议。工作组下设术语和定义、用例和需求、安全和隐私、参考体系结构和技术路线图 5 个分组，形成了《大数据定义》《大数据术语》《大数据需求》《大数据安全和隐私需求》《大数据参考体系结构》和《大数据技术路线图》等文件。

4. 全国信息技术标准化技术委员会

全国信息技术标准化技术委员会（简称“全国信标委”）持续开展数据标准化工作，在元数据、数据库、数据建模、数据交换与管理等领域推动相关标准的研制与应用，为提升跨行业领域数据管理能力提供标准化支持。

2014 年 12 月 2 日，全国信标委大数据标准工作组正式成立，统筹开展我国大数据标准化工作，大数据标准工作组组长由梅宏院士担任。工作组包括北京大学、国家信息中心以及众多高科技企业等近 150 家申请单位，共同形成了“大数据标准体系表”。工作组下设了 7 个专题组，分别开展专项领域的标准化研究制定工作。

全国信标委中与大数据关系比较密切的组织有信标委非结构化数据管理标准工作组、信标委云计算工作组、信标委面向服务的体系机构（service oriented architecture，SOA）分技术委员会、信标委传感器网络工作组等。此外大数据安全部分的标准也与全国信标委密切相关。

2.2.1.2 大数据技术标准新挑战

在大数据时代，数据从简单的处理对象开始转变为企业的重要资产。大数据技术成功落地将为数字化转型提供重要推力。但是，大数据的规模效应给数据采集、数据整合、数据分析、数据应用带来了极大的挑战。

未来数字化清洁能源要求贯通研发设计、生产制造、工程建设、运行维护等多个阶段，实现信息的全面采集、流畅传输和高效处理，支撑管理信息化与工业自动化的深度融合。大数据平台的首要功能是实现海量多源异构数据的整合，以作为企业级大数据的共享与处理中心。针对海量多源异构数据，如何构建一个公共信息模型来对其进行规范表达，并基于该模型来实现数据整合是亟须解决的问题。

从产生大数据的系统分类来看，大数据的采集主要有三种来源，分别是管理信息系统、生产运行系统、外部数据（包括 Web 信息系统和科学实验系统）。

（1）管理信息系统是指公司内部的信息系统，如工程生产管理系统（power prcduction management system，PMS）、企业资源计划（enterprise resource planning，ERP）、调度管理（operation management system，OMS）等，主要用于企业的生产、经营和管理。数据的产生既有终端用户的原始输入，也有系统的二次加工处理。管理信息系统在组织结构上是专用的，数据通常是结构化的。

（2）生产运行系统是指支持电力安全稳定运行的各种信息系统，如中央监控系统、状态监测系统、视频监测系统。系统在组织结构上是封闭的，数据由各种嵌入式传感设备产生，可以是关于物理、化学、生物等性质和状态的基本测量值，也可以是关于行为和状态的音频、视频等多媒体数据。

（3）外部数据包括与公司经营发展相关的各种外部信息，包括宏观经济环境、宏观政策、自然环境、气象，也包括互联网上的相关信息，如政府网站、社交网站、社会媒体、搜索引擎等，主要用于构造虚拟的信息空间。外部数据的组织结构是开放式的，大部分数据是半结构化或无结构的。数据的产生者主要是政府、研究机构和在线用户。

传统信息化领域主要处理的是结构化数据，在大数据时代则呈现出多样的数据类型：①结构化数据，包括工单数据、设备信息、项目信息等；②半结构化/非结构化数据，包括现场图片、设计文档等；③实时数据，包括风电机组电流、电压、功率数据等。

多源异构数据的统一管理能力非常重要，数据实时性高、增长快，数据规模向大容量（petabyte，PB）级发展，结构多样，关系复杂的数据需要深度融合等，传统数据管理技术已无法应对新需求。

大数据分散在各个业务系统中，如产品生命周期管理（product lifecycle management，PLM）、ERP、风电机组中控系统等。由于业务单元管理及系统技术差异等原因，各业务系统信息模型与编码存在一定程度的差异。即便是描述同一台风电机组，不同应用系统所使用的信息模型也存在差异。采用的功能集合、建模粒度、对象分类方式、命名习惯等任何一个方面的不同，都是造成信息模型差异的原因。

大数据平台得到这些数据后，面临着如何整理这些数据碎片，形成企业级统一数据资产的问题，这是一项困难的工作。目前，企业公共信息模型缺乏，无法为大数据平台数据采集与整合提供指导。

大数据平台的数据内容应与源系统保持同步。如果采用全量数据抽取清洗（extract transformation loading，ETL）的方式从源系统抽取数据至大数据平台，那么在性能方面会对源系统和大数据平台产生一定冲击。如果采用增量 ETL 的方式，则需要对源系统提出一些改造要求，比如源系统通过时间戳和标志位表示数据变更信息。

各业务单元根据需要建立相应的分析型应用，如 PTC _ Relax 用于风机可靠性分析，全球监控中心用于风机监测预警、风功率预测等。这些专项分析应用较为分散与独立，数据交互成网状结构，投资重复，缺乏对全业务分析的支持，缺乏对数据应用分析、开发和使用的统一管理规范，从企业层面来说，这些分散的应用难以进行管理，同时缺乏数据整合与分析的重用，造成重复的劳动与资金投入。

数据量大不一定就代表信息量或者数据价值大，相反很多时候意味着信息垃圾的泛滥。高质量数据对于数据分析结果的正确性有重要影响，比如风机维修工单直接影响风机可靠性评价结果。

目前，尚未形成数据质量管理的完整策略，也没有制订数据质量管理的完整规章制度，有关数据质量管理的一些制度仅仅零散地体现在系统管理手册中。

公司内部没有一个明确的组织负责全公司的数据质量管理，部门内也没有明确的数据质量管理岗位，缺乏明晰的数据质量管理监督流程以解决数据质量问题，数据质量问题无法通过统一的渠道及时反映给相关部门。

公司没有完整的可普遍使用的数据质量检查与管理工具，数据质量管理报告机制不健全，对于数据质量问题没有一个标准的管理平台进行汇总、报告。

大数据时代的数据安全与传统数据安全相比，变得更加复杂。一方面，海量数据汇集，包括大量的风机研发数据、运营数据、客户信息的细节记录，这些数据的集中存储增加了数据泄露风险，而这些数据一旦被滥用将会对企业造成冲击；另一方面，大数据对数据完整性、可用性和秘密性带来挑战，在防止数据丢失、被盗取和被破坏上存在一定的技术难度，传统的安全工具不再像以前那么有用。

大数据共享问题的本质是数据加密性和数据有效性之间的矛盾。从企业层面来看，应尽可能提高数据的共享度，以保证数据发挥其最大价值；而从保护商业机密的角度考虑，有必要对数据进行相关操作以降低获取数据的敏感性，从而造成两者之间的矛盾，两者之间如何进行最佳取舍确实非常困难。

为成功地利用大数据挖掘模型，需要从开发阶段到生产环境对模型进行全面跟踪管理与评估。大数据挖掘模型生命周期过程如图 2-1 所示。

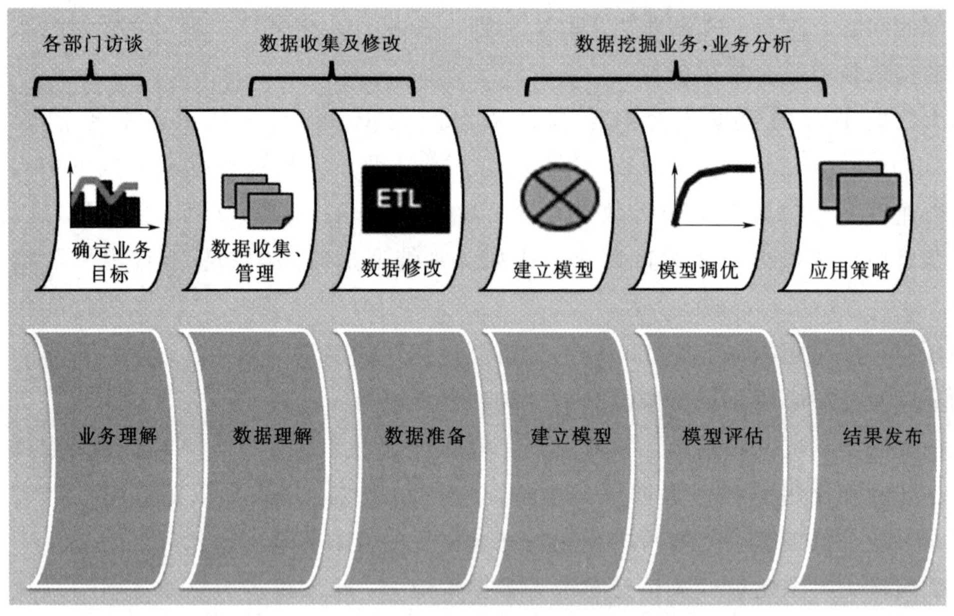

图 2-1 大数据挖掘模型生命周期过程

2.2.2 智能电网技术标准

2.2.2.1 国际标准

为了推动智能电网建设，IEC 标准化管理局（Standard Manage Board，SMB）组织成立了第三战略工作组——智能电网战略工作组（SG3）。SG3 于 2009 年 4 月在法国巴黎召开了首次会议，来自中国、美国、德国、法国、意大利、日本、瑞典、瑞士、英国、韩国和荷兰等国家的 13 名代表参加了会议，正式启动了智能电网的标准化研究工作。会议讨论了智能电网战略工作组的职责范围，明确其主要任务是研究 IEC 的智能电网标准体系。

SG3 认为 IEC 应承担起研究和制定智能电网技术标准的职责，并重点关注那些促进接口和产品标准化的互操作性标准；规划研究智能电网技术标准体系和制定互操作性标准时，应重点考虑通用需求，避免就一些细节进行标准化，以防止对技术的创新和发展产生不利影响。

核心标准是智能电网技术标准体系中的关键，对智能电网应用和解决方案具有重大影响，适用于智能电网主要技术领域。SG3 推荐的智能电网核心标准见表 2-1，其主要包括开放性架构、互操作、网络安全性等方面的标准。

表 2-1　SG3 推荐的智能电网核心标准

序号	核心标准号	范　　围
1	IEC 62357	涉及开发架构-面向服务架构。 适用范围：能量管理系统；配电管理系统
2	IEC 61970	公共信息模型（common information model，CIM）
3	IEC 61850	适用范围：能量管理系统、配电管理系统、配电自动化、分布式发电、高级量测体系、变电站自动化
4	IEC 61968	配电管理
5	IEC 62351	网络安全

SG3 按照通用技术领域和专业技术领域对智能电网技术标准体系进行了系统分析和研究。其中，通用技术领域包括通信、安全和规划；专业技术领域包括高压直流/柔性交流输电、停电预防/能量管理、先进配电管理、配电自动化、智能变电站自动化、分布式能源、高级量测、需求侧响应和负荷管理、智能家居和楼宇智能化、电能存储、电动汽车、状态监测、电磁兼容、低压设备安装以及大规模可再生能源接入等。

2.2.2.2　国内标准

我国的电力行业信息标准化技术委员会（简称“电力信息标委会”）是在电力行业信息技术领域从事标准化工作的技术组织。电力信息标委会自成立至今，经过 20 多年的发展，为电力行业制定了一批基础性的通用电力信息标准，这些标准的广泛应用指导了电力信息标准化工作的有序发展。

电力行业信息标准化体系的建立应在国家信息化标准体系的框架内，结合我国电力行业系统的特点，提出具有本行业自身特点的信息化标准体系，并据此形成指导全国电力行业信息化建设的指导性文件，作为电力行业信息化建设的重要依据。

在电力行业信息化标准应用体系的编制过程中，一方面应结合我国信息标准化有关成果和国际信息标准化发展现状与趋势；另一方面要突出电力行业信息化的特点和需求，充分考虑电力行业信息化的发展规律，使之符合国际和我国信息化发展的大方向，为电力行业信息化建设服务。

电力行业信息标准化体系如图 2-2 所示。

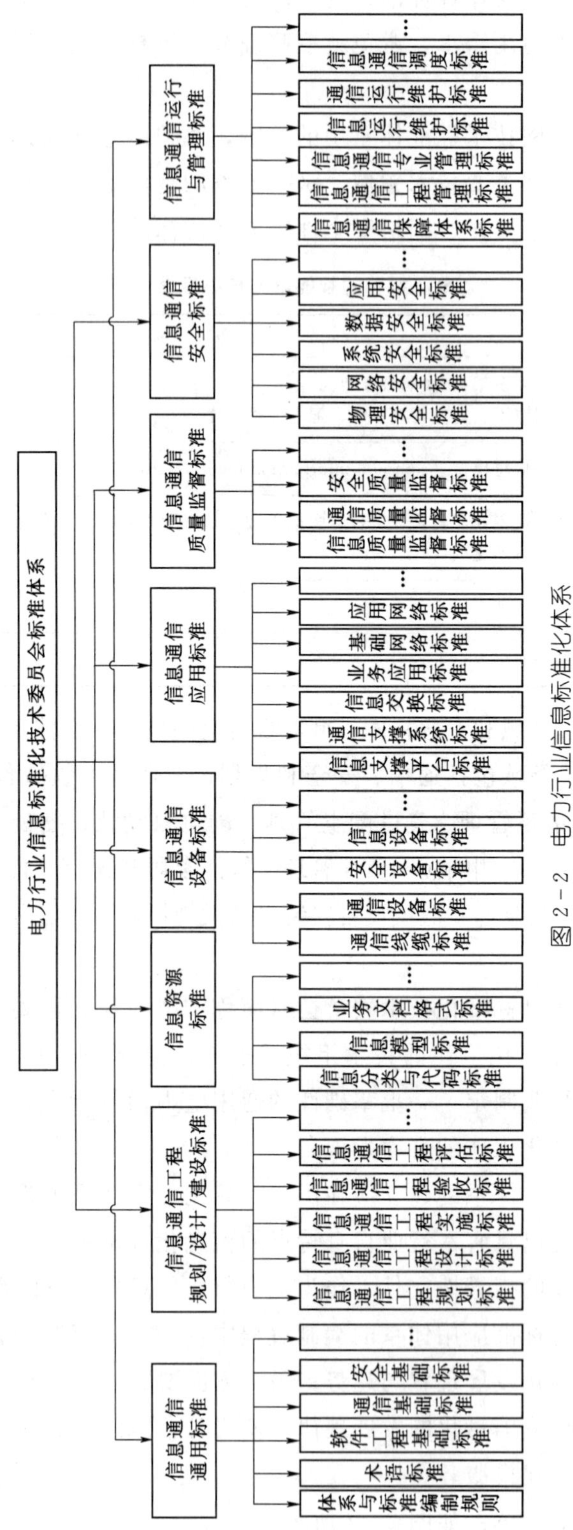

图 2-2 电力行业信息标准化体系

（1）信息通信通用标准。其由体系与标准编制规则、术语标准、软件工程基础标准、通信基础标准、安全基础标准等部分构成。

（2）信息通信工程规划/设计/建设标准。其由信息通信工程规划标准、信息通信工程设计标准、信息通信工程实施标准、信息通信工程验收标准、信息通信工程评估标准等部分构成。

（3）信息资源标准。其由信息分类与代码标准、信息模型标准、业务文档格式标准等部分构成。

（4）信息通信设备标准。其由通信线缆标准、通信设备标准、安全设备标准、信息设备标准等部分构成。

（5）信息通信应用标准。其由信息支撑平台标准、通信支撑系统标准、信息交换标准、业务应用标准、基础网络标准、应用网络标准等部分构成。

（6）信息通信质量监督标准。其由信息质量监督标准、通信质量监督标准、安全质量监督标准等部分构成。

（7）信息通信安全标准。其由物理安全标准、网络安全标准、系统安全标准、数据安全标准、应用安全标准等部分构成。

（8）信息通信运行与管理标准。其由信息通信保障体系标准、信息通信工程管理标准、信息通信专业管理标准、信息运行维护标准、通信运行维护标准、信息通信调度标准等部分构成。

2009 年 3 月，国家电网公司组织中国电力科学研究院等单位成立专项研究工作组，正式启动了智能电网技术标准体系研究工作。通过一年的工作，于 2010 年 4 月编制完成了国家电网公司《智能电网技术标准体系规划》报告。

按照《智能电网技术标准体系规划》，国家电网公司将分三个阶段制定智能电网技术标准。

第一阶段（2009—2010 年），“建立体系框架、保障试点工程”。完成智能电网技术标准制定规划，初步形成智能电网技术标准体系框架；重点制定/修订试点工程所需的关键技术标准，保障试点工程建设如期完成。

第二阶段（2011—2015 年），“健全标准体系、支撑全面建设”。滚动修订已有标准，补充制定所需标准，基本建成智能电网技术标准体系，重点推进优势领域智能电网标准国际化，支撑智能电网全面建设。

第三阶段（2016—2020 年），“完善标准体系、保证国际先进”。优化完善智能电网技术标准体系，全面推进智能电网技术标准的国际化。

智能电网技术标准体系定位为国家电网公司技术标准体系的一个分支，是一个具备系统性、逻辑性和开放性的层级结构，由“1 个体系、8 个专业分支、26 个技术领域、92 个标准系列、若干具体标准”构成，用于指导智能电网技术标准的研究和制定。国家电网公司智能电网技术标准体系如图 2-3 所示。

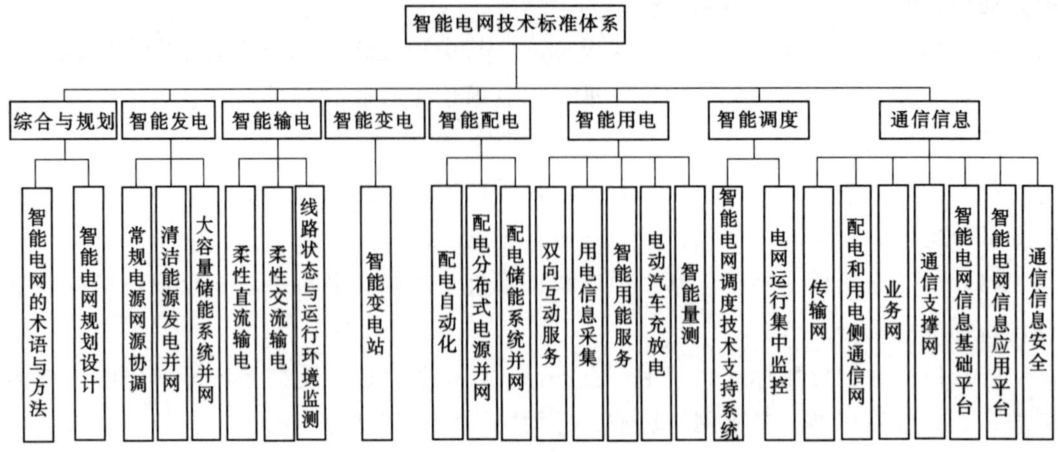

图 2-3　国家电网公司智能电网技术标准体系

标准体系的第一层是专业分支，包括综合与规划、智能发电、智能输电、智能变电、智能配电、智能用电、智能调度、通信信息 8 个专业分支。各专业分支包括的技术领域有：

综合与规划：智能电网的术语与方法、智能电网规划设计。

智能发电：常规电源网源协调、清洁能源发电并网、大容量储能系统并网。

智能输电：柔性直流输电、柔性交流输电、线路状态与运行环境监测。

智能变电：智能变电站。

智能配电：配电自动化、配电分布式电源并网、配电储能系统并网。

智能用电：双向互动服务、用电信息采集、智能用能服务、电动汽车充放电、智能量测。

智能调度：智能电网调度技术支持系统、电网运行集中监控。

通信信息：传输网、配电和用电侧通信网、业务网、通信支撑网、智能电网信息基础平台、智能电网信息应用平台、通信信息安全。

2.3　数值天气预报技术

数值天气预报（numerical weather prediction，NWP）是风电功率预测的基础输入数据来源，对预测精度有显著影响。数值天气预报技术只是对大气演化过程的近似模拟，无法精确模拟，存在一定误差。根据历史数据，数值天气预报技术在风机切入风速与额定风速之间的预报误差为－2.5～2.5m/s，由于功率与风速呈三次方关系，经过风-电转化模型的放大效应，功率对风速的变化非常敏感，风速的预报误差在功率的预测环节会被进一步放大。当风速为 8m/s 时，若预测风速偏差为 1m/s，则预测功率的误差将达到 20.5%。且每个清洁能源电站受地理位置、气象条件和发电机组类型的差异影响，实际发电水平并不能完全按照标准的出场功率曲线，表现出差异化的发电规律，再加上限电率、故障率、检修周期等不同因素的影响，每个清洁能源电站的实际发电功率曲线都不尽相同，需要根据实际情况定制功率预报模型。

基于实时卫星遥感数据、气象站观测数据、风/光电站气象观测数据，结合欧洲中期天气预报中心（European Centre for Medium - Range Weather Forecasts，ECMWF）全球预报背景场数据，利用三维变分、集合卡尔曼滤波等数据同化算法，生成更符合实际的模式初始气象场。采用高分辨率和更准确的地形高度数据、下垫面类型数据，提高模型下边界条件的准确性。通过调整边界层过程、近地面过程、陆面过程、短波辐射过程等参数化方案，进行大量敏感性试验，并且调整方案的内部参数值，找出最适合本地区的参数化组合方案。利用反距离加权、克里金插值等方法，进行优化气象模型结果的降尺度后处理，使得预报结果更符合清洁能源电站所在区域的实际值。气象同化技术流程图如图 2-4 所示。

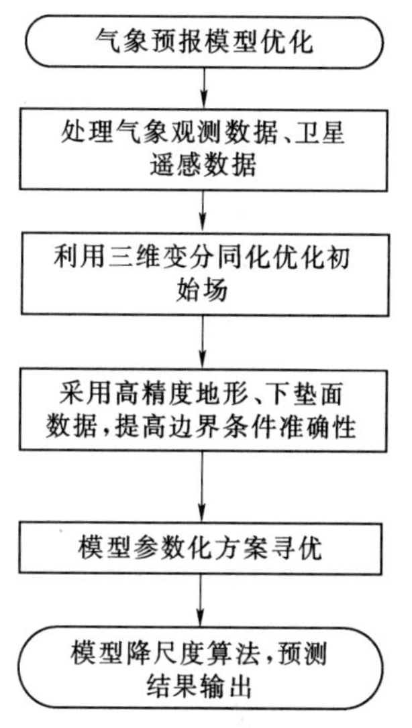

图 2-4 气象同化技术流程图

基于美国全球预报系统（globle forecast system，GFS）以及 ECMRF、欧洲中心集合预报产品和本地运行的风电确定性中尺度数值预报的分辨率和特征，综合考虑本地业务模式运行环境和资源条件，本地化区域模式参数方案，同时利用反距离加权、克里金插值等统计学插值方法，生产针对清洁能源电站级的多气象源集合预报，为功率预测提供丰富的天气预报数据。基于清洁能源电站级的多气象源集合预报资料，利用弹性网络、K 近邻点、支持向量机、线性回归等多种机器学习算法，建立多种混合订正模型，通过模型选择和均方根误差评价等方法选择最优模型，对多气象源集合预报进行混合订正，最终输出一种多气象源混合订正产品。气象同化技术流程图如图 2-5 所示。

以青海省为例，青海省地处青藏高原东北部，地形复杂多样，形成了独具特色的高原大陆性气候，日照时间长，太阳辐射强度大，因此成为我国太阳能资源最丰富的地区之一，同时，青海省有可用于光伏发电和风电场建设的荒漠化土地约 10 万 km^2，是发展清洁能源产业的理想之地。青海数值天气预报系统和图像产品生产系统为青海全省各清洁能源场站功率预测系统提供气象要素预报，不仅为超短期功率预测提供气象数据支撑，而且也是短期功率预测中数值天气预报数据校订和模型调参的重要依据，同时该系统还为青海省清洁能源的规划、发展提供重要的决策依据。

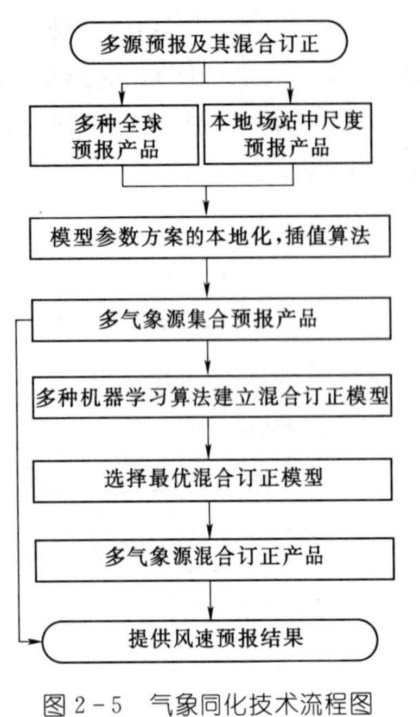

图 2-5　气象同化技术流程图

通过清洁能源发电功率技术研究及系统研发，可以实现数值天气预报获取解析、电站实时信息处理、实时气象数据采集、清洁能源场站短期和超短期功率预测等功能。在功率预测系统投运青海 3 个月之后，短期功率预测准确度达全网 94%以上、单站 90%以上，超短期功率预测准确度达全网 96%以上、单站 92%以上。

取得的经济效益有以下方面：

（1）为青海省各清洁能源电场站功率预测系统提供气象要素预报。本项目的高精度数值天气预报系统能够生产全省风、光等清洁能源电站功率预测系统所需的短期气象要素预报。以 1000 个风电场、光伏电站的规模为例，每个风电场（电站）每年的服务费按降低 2 万元计算，则每年可为清洁能源场站带来可观的经济价值。

（2）以订阅方式为清洁能源场站、变电站、线路杆塔等提供定制化灾害预警服务。按照服务客户 1000 个、每个客户收费 1 万元/年计算，则创造的经济价值为 1000 万元/年。

数值天气预报是一项国际性预测难题。清洁能源场站选址规划、功率预测与运维策略规划都离不开数值天气预报的支撑。清洁能源大数据中心数字天气预报系统实现了对我国和全球范围内的气象资源模拟，模拟的气象要素有风、雨、气压、辐照度、温度、云量等，可以选择中国气象局、GFS、ECMWF 等提供的气象源，查看不同气象源的预报气象场。

2.3.1　技术架构

天气预报模式（Weather Research and Forecasting Model，WRF）是目前应用最广泛的中尺度数值模式之一。其将数值模式的计算结果进一步加工为各种高级产品，并将数据产品封装为接口，提供给前端系统作展示。

美国国家环境预报中心（National Centers for Environmental Prediction，NCEP）、美国空军、美国国家海洋和大气管理局（National Oceanic and Atmospheric Administration，NOAA）等联合开发的下一代 WRF 具有非静力平衡、高分辨率和完全可压缩的特点，对各种中小尺度天气系统都具有较强的模拟能力。模式坐标采用地形跟随坐标，水平方向采用 Arakawa-C 网格，在时间积分上采用 Runge-Kutta 的 3 阶积分方案，分辨率精度较高。物理过程包括大气水平和垂直涡动扩散、大气短波和大气长波辐射方案、边界层方案、陆面方案、云物理参数化方案和积云对流。WRF 模式流程图如图 2-6 所示。

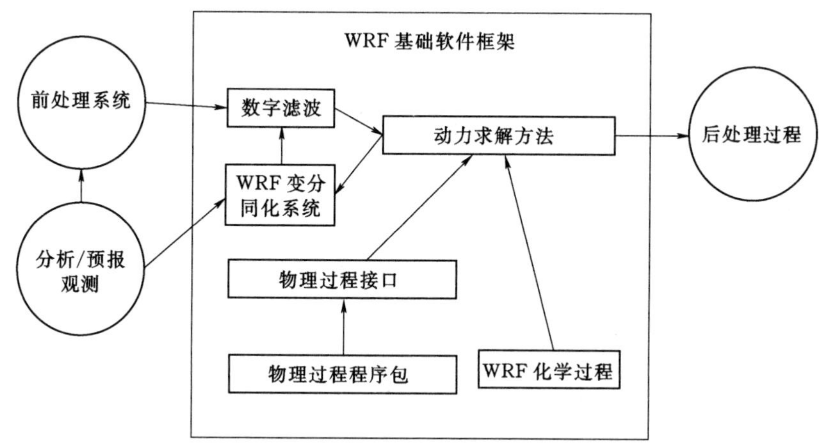

图 2-6　WRF 模式流程图

WRF 模式采用的是地形跟随质量垂直坐标系统，采用 Laprise 推导方法，方程采用气压地形跟随坐标，垂直质量坐标 η 的表达式为

$$\eta=(p_{h}-p_{ht})/(p_{hs}-p_{ht})$$

式中　p_h——某高度上流体静力压；

p_{hs}、p_{ht}——地表和大气顶气压。

η 值的范围为 0～1，地面为 1，大气顶为 0。

$p_{hs}-p_{ht}$可表示单位面积空气柱的质量，并定义

$$\mu=p_{hs}-p_{ht}$$

另外，通量形式的欧拉方程为

$$\partial_t U+(\nabla\cdot\vec{V}_{\mu})-\partial_x(p\partial_\eta\phi)+\partial_\eta(p\partial_x\phi)=F_U$$

$$\partial_t V+(\nabla\cdot\vec{V}\text{v})-\partial_y(p\partial_\eta\phi)+\partial_\eta(p\partial_y\phi)=F_V$$

$$\partial_t W+(\nabla\cdot\vec{V}_W)-g(p\partial_\eta-\mu)=F_W$$

$$\partial_t\theta+(\partial\cdot\vec{V}_\theta)=F_\theta$$

$$\partial_t\mu+(\nabla\cdot\vec{V})=0$$

$$\partial_t\phi=\mu^{-1}[(\overrightarrow{V\cdot\nabla_\phi})-gW]=0$$

其中，气压诊断关系式和状态方程分别为

$$\partial_t\phi=-\alpha\mu$$

$$p=p_0(R_a\theta/p_0)^\gamma$$

在欧拉方程中考虑水气影响，方程可以改写为

$$\partial_t U+(\nabla\cdot\vec{V}_{\mu})+\mu_d\alpha\partial_x p+(\alpha/\alpha_d)\partial_\eta p\partial_x\phi=F_U$$

$$\partial_t V+(\nabla \cdot \vec{V}v)+\mu_d \alpha \partial_y p+(\alpha/\alpha_d)\partial_\eta p \partial_y \phi=F_V$$

$$\partial_t W+(\nabla \cdot \vec{V}w)-g[(\alpha/\alpha_d)\partial_\eta p-\mu_d]=F_W$$

$$\partial_t \theta+(\nabla \cdot \vec{V}_\theta)=F_\theta$$

$$\partial_t \mu_d+(\nabla \cdot \vec{V})=0$$

$$\partial_t \phi=\mu^{-1}[(\overrightarrow{V \cdot \nabla_\phi})-gW]=0$$

$$\partial_t Q_m+(\nabla \cdot \vec{V}q_m)=F_{Q_m}$$

$$\partial_\eta \phi=-\alpha_d \mu_d$$

$$p=p_0(R_d \theta_m/p_0 \alpha_d)^\gamma$$

式中 α_d——干空气比容；

α——考虑了整个气团密度的比容。

另外有 $\alpha=\alpha_d(1+q_c+q_v+q_r+q_i+\cdots)^{-1}$

式中 q_n——云滴、水汽、雨滴和冰晶等的质量混合比，n 代表 c、v、r、i 等。

统计建模方法首先是利用数值天气预报提供的辐照度、温度等预报数据，然后再用辐照度功率转换模型进行光伏功率预测。统计建模方法包括 BP 神经网络、支持向量机回归等传统的方法。随着近几年机器学习、人工智能领域的发展，很多人工智能的方法也被应用于功率预测，如决策回归树、K 近邻以及卷积神经网络等方法被用来建立短期功率预测模型。

通过多次分层级的数据挖掘与数据聚类，将清洁能源场站按照出力特性进行分类，在此基础上建立分类的通用模型；针对具体的清洁能源目标场站，利用场站的历史运行数据，对该类通用模型中的未知参数进行快速适配。这种两次迭代建模的方法，大大提升了预测的精度。

常用的预测方法如下：

1. 基于分区域聚类的预测方法

以光伏发电为例，光伏发电是周期性的，随着每日的日升开始发电，日落结束发电。光伏发电站一天的发电量与太阳高度、辐照度、温度、日长等相关，而这几个参数都具有一定的相似性，同时气象预测也具有周期的相似性。不同区域光伏电站受以上参数的影响，出力特性会有比较明显的差异，因此可通过对区域级、电站级等不同层级的数据进行聚类分析，按照不同的类别进行预测建模。

K 均值聚类算法（K - means clustering algorithm）是最著名的划分聚类算法，它的简洁性和高效性使得它成为所有聚类算法中应用最广泛的。K 均值聚类是一种迭代求解的聚类分析算法，其步骤是首先随机选取 K 个对象作为初始的聚类中心，然后计算每个对象与各个聚类中心之间的距离，把每个对象分配给距离它最近的聚类中心。每个聚类中心以及分配给它的对象就组成一个聚类。每分配一个样本，聚类中心都会根据聚类中现有的对象被重新计算。这个过程将不断重复直到满足某个终止条件。终止条件可以是没有（或最小数目）对象被重新分配给不同的聚类、没有（或最小数目）聚类中心再发生变化或误差平方和局部最小。

根据区域的实测出力数据结合实际辐照度数据，预测最大辐照度、预测日长、温度等参数。建立 K 均值聚类算法模型，并基于不同的类别建立对应的通用预报模型。

2. BP 神经网络模型参数优化

基于获得的场站信息，结合具体场站的历史运行数据进行场站级具体参数优化。BP 神经网络是一种多层前馈神经网络，网络结构包含输入层、隐含层和输出层，每一层可以有不同个数的神经元，一个三层 BP 神经网络如图 2-7 所示。在光伏功率预测中输入的变量为预报辐照度、温度、相对湿度。输出的变量为功率。

神经元的参数通过误差反向传播进行迭代寻优。输入层的各个神经元用于接收外界的输入信息，并传递给隐含层各个神经元，隐含层是内部信息处理层，负责信息变换，隐含层将各神经元的信息传递到输出层，完成一次学习的正向传播处理过程。

3. LSTM 用于短期功率预测

除常规的 BP 网络外，长短期记忆网络（long short-term memery，LSTM）也是一种时间循环神经网络。循环神经网络工作的关键点是利用历史信息来帮助当前的决策。

这个短期预测模型的输入量不仅与当前气象有关，还与多个气象因素有关，短期 LSTM 预测模型结构图如图 2-8 所示。

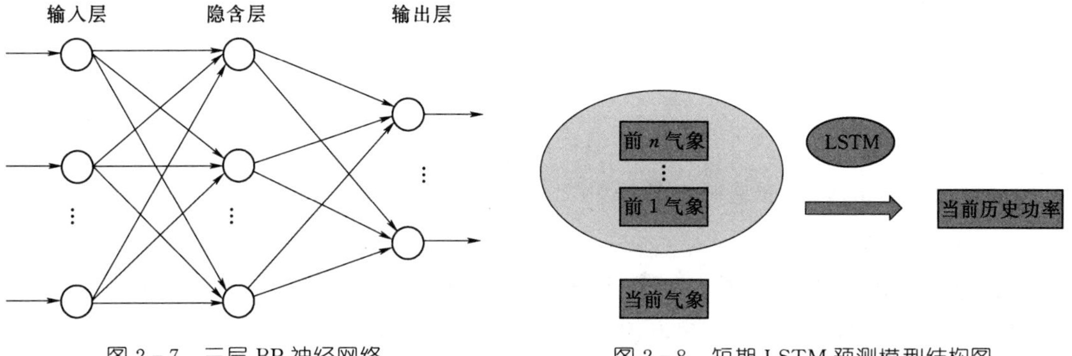

图 2-7　三层 BP 神经网络　　图 2-8　短期 LSTM 预测模型结构图

模型识别包括模型的类型选择和模型定阶。

模型的类型选择就是在时间序列平稳的情况下，根据样本值判定要用的预测模型是 AR、MA 和 ARMA 模型中的哪一类。对平稳的时间序列数据，可借助序列的自相关函数和偏相关函数来识别模型。

对于平稳时间序列 $\{x_t\}$，可以采用前 k 个时刻的值对 x_t 进行最小方差估计，以

确定 ψ_{k1}，…，ψ_{kk} 使 $\delta=E\left[\left(x_t-\sum_{i=1}^{k}\psi_{ki}x_{t-i}\right)^2\right]$ 达到最小值，其中，$\psi_{kk}(k=1,2,\cdots)$ 称为偏相关函数。

函数模型类型判别表见表 2-2。

表 2-2　　函数模型类型判别表

函数类别	AR(p)	MA(q)	ARMA(p，q)
自相关函数	拖尾	截尾	拖尾
偏相关函数	截尾	拖尾	拖尾

由表 2-2 所知，当偏相关函数在有限阶数内截尾，即偏相关函数在 p 阶衰减至零，自相关函数拖尾，即自相关函数呈衰减性时，此序列适合建立 AR(p) 模型；当偏相关函数拖尾，自相关函数在有限阶数内截尾，即自相关函数在 q 阶衰减至零时，此序列适合建立 MA(q) 模型；当偏相关函数和自相关函数均拖尾时，此序列适合建立 ARMA(p，q) 模型。

模型类型确定后，还需知道模型的阶数，前面提到的自相关函数和偏相关函数截尾性判别就是其中的一种简单定阶法。此外，常用的是最佳准则函数定阶法，如用赤池信息准则（akaike information criterion，AIC）、施瓦茨准则（schwarz criterion，SC）等。AIC 和 SC 的一般形式分别为

$$AIC(p,q)=-\frac{2\ln L}{n}+\frac{2(p+q)}{n}$$

$$SC(p,q)=-\frac{2\ln L}{n}+\frac{2(p+q)\ln(n)}{n}$$

式中　$AIC(p, q)$、$SC(p, q)$ ——$\ln L$ 模型的对数似然函数值；

n——观测值数目；

p、q——AR 和 MA 的阶数。

AIC 和 SC 的取值都是越小越好。

4. 模型参数估计

经过模型识别后，模型的类别、结构和阶次都已初步确定，接着应估计模型中的未知参数。参数估计的方法有很多，包括矩估计、最小二乘估计以及最大似然估计等。

以 $AR(p)$ 模型为例，假设 $AR(p)$ 模型为

$$x_t-\psi_1x_{t-1}-\cdots-\psi_px_{t-p}=a_t$$

用最小二乘法估计参数 ψ_1，…，ψ_p，就是在已知 N 个样本序列值的条件下，选取参数 ψ_1，…，ψ_p，使残差平方和 $\sum_{t=1}^{N}a_t^2=\sum_{t=1}^{N}(x_t-\psi_1x_{t-1}-\cdots-\psi_px_{t-p})^2$ 尽可能达

到最小值。

5. 模型检验

经过模型识别和参数估计后，最后还要检验确定模型是否恰当，如果检验通过，说明模型符合要求，就可以进行预测工作了。反之，就需要修改模型或重新识别模型，直至满足要求，模型检验系统架构如图 2-9 所示。

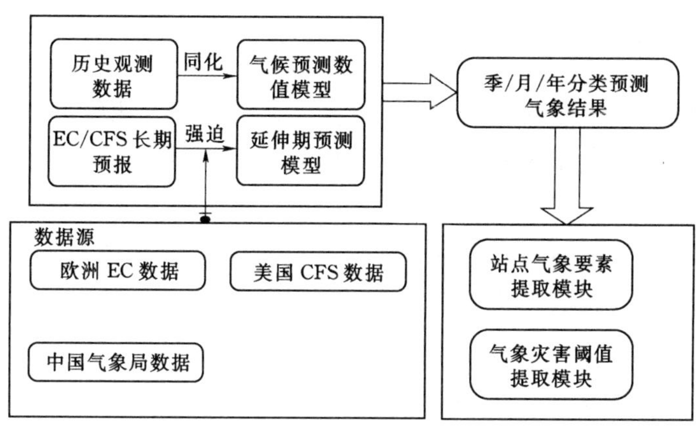

图 2-9 模型检验系统架构

(1) 气候/延伸期预测模型。基于成熟的不同时间尺度数值模拟模型，根据初始场和强迫场数据，结合观测资料同化技术对区域进行模拟。初始场数据来自场站观测及公开气象站，强迫场数据来自欧洲数据预报中心（European Center for Medium - Ranger Weather Forecasts，ECMWF）（简称 EC）及美国国家环境预报中心气候预报系统（climate forecast system，CFS）的数据，数据结果具有权威性和可靠性。

(2) 站点气象要素提取模块。站点气象要素提取模块依据站点经纬度信息、数值模拟结果提取场站数据，气候及延伸期预报属于大尺度预报，模拟精度不会太高，故场站一般只选取代表点。产品包含逗号分隔值（comma - separated value，CSV）、接口及 Java 对象表示法（Java script object notation，JSON）等格式，由前端提取进行展示。

(3) 气象灾害阈值提取模块。气象灾害阈值提取模块通过通用气象灾害阈值标准对模拟数据进行识别，将气象数值转化为灾害数据。

2.3.2 功能要求

(1) 通常气候模式只有 10m 高度层的风速预测数据，可基于风切变系数对其他任意高度层风速进行数值推导，实现对电站运行设备各高度层的风速预报。

(2) 通过降尺度算法将数值气象预报降成 1km×1km 的粒度，然后根据现场的实际地形信息，经过物理模型将预测精度降到 100m×100m，从而能够对每一个设备的微观气候进行预测，提升功率预测准确度。

(3) 基于机器学习算法和时间序列算法相结合的预报方案，其准确度要高于单一预报方案。

(4) 中长期预报气候模式目前集中于月平均预测，可以达到逐 6h 预报数据，预报时长为 12 个月。

2.3.3 效果体现

数值天气预报可以准确给出某个地区未来 7 天的预测风速图，数值天气预报是清洁能源场站功率预测与电量交易的基础。借助数值天气预报，清洁能源场站可以开展短期和超短期功率预测。通过降尺度算法将数值气象预报降成 1km×1km 的粒度，然后根据现场的实际地形信息，经过物理模型将预测精度降到 100m×100m。降尺度等方法的应用，提升了数值天气预报的精度，提高了清洁能源场站功率预测的准确率。

与此同时，在数值天气预报的支持下，可以对某一地区的风能资源轨迹进行模拟。为清洁能源场站的规划选址提供了重要依据。

2.4 功率预测算法技术

高性能、高精度的统一集中功率预测系统不仅可以满足电网区域调度的需求，满足生产大数据中心的管理需求，同时也可为场站制定更合理、更有效的生产运行计划提供可靠的数据支撑。在集中端进行统一预测、统一上报，场站可根据区域集中功率预测系统向现场推送精准到风电机组、光伏设备的未来气象变化趋势及电量变化预测情况，合理安排场站内各种设备设施的定期检修和维护计划，降低场站的弃风、弃光电量损失，提高整体发电能力。

基于为生产大数据中心提供高精度、统一的清洁能源功率预测结果的目的，系统设计目标包括：基于区域下辖各现场清洁能源设备运行状态及各场站历史气象与功率关系，建立预测功率模型，在区域端集中进行高精度的区域功率预测、清洁能源场站功率预测；提供各发电公司及各清洁能源场站未来 24h 的损失电量预测；准时按电网要求的时间及上报方式从区域集控端或场站端统一及时上报所需预测数据及场站运行数据；提供友好的可视化界面，可查询分公司、场站甚至每个坐标点任意时间段的预报风速、辐照度、功率以及实际风速（辐照度）、功率；统一查询各级别横向对比分析结果；支持公司与各场站的统一配置、统一预报和预报结果显示。

为规范功率预测预报管理、提高功率预测预报准确率，将原有功率预测服务由电站上报模式改为中心端上报模式，目前已经引入多个功率预测厂家，并开始功率预测预报服务。对于各个厂家预测的功率结果如何和电网调度部门接口、统一上报到调度，并实现各厂家预测指标的对比分析及上报监控这个问题，需要开发一套集中功率预测系统，实现各功率预测结果的统一调度上报和结果管理。

集中功率预测运维管控系统能够实现多个厂家、新能源场站都在此系统上统一下单、管理、查询分析数据、比较预测结果等活动，保证了系统、数据的统一，预测厂家只需关注预测算法，平台厂家主要关注系统维护。只需维护一套系统，便可实现统一使用、统一管理，避免了传统预测系统分散式的部署维护。

集中功率预测运维管控系统对于清洁能源发电企业而言，可以节省大量硬件、软件、网络等费用，节省场站值班人员维护各个系统的工作量。对于预测厂家，可以节省必须到场站现场才能部署、维护预测系统的人力成本和时间成本。于电网而言，可以提供集中预测平台给厂家和业主使用，从中收取合理的服务费，持续推进此系统的升级改进，提供更完善的预测服务。

集中功率预测运维管控系统创新性地提供集中预测模式，惠及场站、厂家、电网内部等各方，提升清洁能源整体预测的精度，从而保证清洁能源消纳，保证电网的稳定运行。同时集中预测模式也为其他地区清洁能源消纳提供了示范效应。

集中功率预测流程图如图 2-10 所示。

集中功率预测运维管控系统在采用先进技术架构的基础上，应用多气象源优势和高性能计算资源优势，功率预测准确率在平台运营期间稳步提升。同时集中功率预测系统将所有接入平台预测厂家的功率预测结果、综合评分结果、准确率、上报率情况等数据通过统一的界面进行展示和对比，并进行不同维度的排名，实现对不同功率预测厂家预测结果的统一对比和评估。

系统提供风电、光伏分类对比，展示每种类型下不同模型对所有场站的短期、超短期综合评分对比，直观比较预测曲线与实测曲线的差距。场站可根据功率预测对比系统中各家预测的情况，在运营平台上选购适合自己的功率预测服务提供商。

2.4.1 预测功率对比

集中功率预测系统界面分为 3 个板块，即查询条件、曲线图形展示、数据表格展示。其中以图形展示的方式为主，不同颜色的曲线代表不同预测厂家在选定时间内对选定区域内场站的预测功率及其与实际功率的对比，从而来反馈各预测厂家对区域内场站预测的准确性。

集中功率预测系统可以根据不同时间节点，查询不同时间段内的相关数据，默认为 0：00—24：00 的数据，客户可以根据需要点选开始时间及结束时间，时间精度以日为最小单位。

根据场站类型进行筛选，可选项为全部电站、风电场、光伏电站等。选择不同类型场站，界面曲线将根据条件进行调整展示。

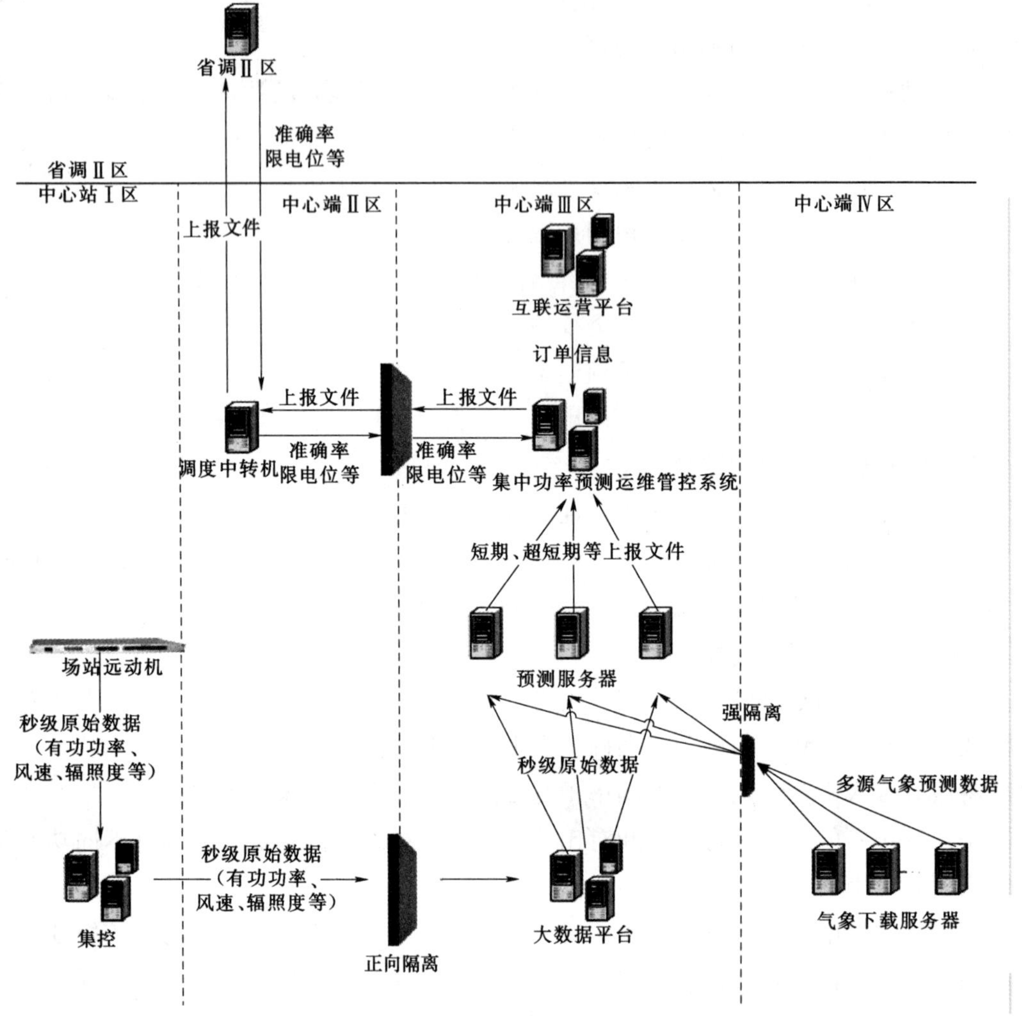

图 2-10　集中功率预测流程图

根据预测类型进行筛选，可选项为短期、超短期。选择不同预测类型，界面曲线将根据条件进行调整展示。

根据区域进行选择筛选，可选范围根据实际情况可以按业主习惯的区域划分方法进行配置。

预测功率对比分析界面为客户提供一个直观、聚焦的平面，能够通过曲线图形对比将焦点汇集到问题所在，能更好地反映各预测厂家的预测情况。

2.4.2　准确率对比

独立的准确率对比分析应包含查询条件、柱状图展示、总体条形图展示、数据表格展示。可以根据不同的筛选条件进行数据的可视化输出。

根据不同时间节点，查询不同时间段内的相关数据，默认为 0：00—24：00 的数据，客户可以根据需要点选开始时间及结束时间，时间精度以日为最小单位。

根据场站类型进行选择筛选，可选范围为全部电站、风电场、光伏电站等。选择不同类型电站，界面图形将根据条件进行调整展示。

根据预测类型进行选择筛选，可选范围为短期、超短期。选择不同类型预测，界面柱状图将根据条件进行调整展示，选择短期时，界面展示数据为偏差电量，选择超短期时，界面展示数据为平均准确率。

根据区域进行选择筛选，可选范围根据实际情况可以按业主习惯的区域划分方法进行配置。

准确率对比分析界面中的数据都是按照国家电网考核标准计算的短期偏差电量、超短期调和平均准确率等指标，可以实现各类指标的自由切换查看。

2.5 区域集中监控技术

光伏及风电等清洁能源场站分布区域广泛，环境较为恶劣，加上项目的快速扩张，经常使得场站专业人才严重匮乏，管理工作复杂，设备维护、运行、管理、分析及故障处理的难度逐步增加。同时，各清洁能源场站的管理亟须加强，清洁能源运行和生产经营数据的错报、迟报、漏报造成管理滞后，数据分析及优化改进措施更是开展困难。目前，清洁能源场站正在面临重要的转折点：一方面，原来大规模、粗放型的项目建设逐步放缓，运营企业更加注重经营效益的提高；另一方面，运维水平及管理模式的差异大幅影响清洁能源场站的发电效益。采用集中化运维平台统一管理、监控清洁能源场站的生产调度已经成为业界共识并逐步被大范围推广。

为响应国家的清洁能源发展战略，在青海省成立清洁能源大数据中心，完成各清洁能源场站生产、运行等数据的接入，进行清洁能源场站大数据分析，实现清洁能源场站并网柔性控制、负荷功率预测等功能，提升清洁能源并网稳定性，提高电网安全稳定运行水平，减少弃风弃光。

在清洁能源场站精益化、集中化运维成为趋势的背景下，庞大的清洁能源场站对实现集中化、精益化运维的平台软件需求巨大。国内外积极探索清洁能源集中化智慧运维并实现规模化推广应用，效果明显。而市场上集中化运维软件接口繁杂，软件质量参差不齐，平台建设费用高昂，后续平台维护成本很大，花费巨大却仍不能保证平台稳定运行，建立一套集中化、可共享的清洁能源大数据集控智能平台，实现清洁能源数据的标准化接入、标准化管理及标准化应用，为清洁能源电站运营企业提供集中化的监控及管理服务成为未来必然的发展趋势。同时，电力大数据为客户带来的价值正在逐渐凸显，抢占清洁能源行业高精度的实时生产数据并形成大数据中心，为各个公司及业务单元服务成为未来的趋势和各大清洁能源公司的重要战略。

2.5.1 意义

近年来，监控技术的发展经历了一个渐变的过程，从模拟监控到数字监控，再到网络视频监控，这些技术越来越受到人们的重视。监控技术是自动控制和安全工程中应用最为广泛的技术之一，而且在远程监控和通信网络方面也有着十分重要的应用前景和应用价值。在早期的监控技术中，其难以克服的缺点是实时性差。计算机通信技术的出现，推动了监控技术的发展，克服了实时性差的困难，真正做到了监控系统的实时性。由此，打破了设备和人之间的地理局限性，可以远程监控并且进行相关的操作，更加便利、快捷、安全。

由于清洁能源发电产业的持续推进，以及光伏、风能等发电技术的进一步完善和改进，清洁能源场站的发展可谓是朝气蓬勃，因而清洁能源场站远程监控系统自然会应运而生。清洁能源场站远程监控系统可以实时显示场站运行的状态，为运维人员和管理决策人员提供相关统计数据，有助于提高运维决策效率。

在 20 世纪 90 年代，国外已经建立了相对完备成熟的监控系统技术体系。在最早期的监控技术里清洁能源场站的巡检是其核心部分，后来对清洁能源场站的监控变成了在局域网范围内进行，再到当前的清洁能源场站远程监控，最终实现了真正意义上的远程监测和控制。这三个阶段是互为基础、互相衔接、逐步实现的。通过数据通信线路将逆变器、汇流箱、气象仪器等连接起来，同时需要将数据上传到网络或本地服务器，这样才能方便运维人员进行维护和决策，从而优化监控系统性能，为清洁能源业主提供市场经济效益。

在将监控技术应用到清洁能源场站这方面，我国的发展还相对落后。但是随着互联网技术在我国的日益发展壮大，势必带动我国清洁能源场站远程监控系统的不断发展。

2009 年 8 月，我国第一家光伏电站监控平台诞生，经过为期一年的完善，在 2010 年推广并投入应用，开启了清洁能源场站网络远程监控的先例，起到了巨大的示范效应。目前，国内清洁能源集控平台发展迅速，多家清洁能源公司均推出了清洁能源集控平台，实现了清洁能源场站远程集中监控，推进了清洁能源场站信息化建设的脚步，提升场站管理水平；降低了设备及人工成本，提高了场站经济效益。清洁能源行业的不断发展，进一步促进国内清洁能源企业和高校科研院所之间的交流合作和深入融合，这将会对我国清洁能源发电行业起到良好的推动作用，对于全方位、多层次、复合式地提升我国清洁能源产业的国际核心竞争力和世界影响力具有重大而深远的战略意义。

清洁能源大数据智能集控标准化研究成果将为清洁能源场站运行与管理提供完整

的自动化监控信息，有助于其全面掌控所有清洁能源场站的运行状况，统筹资源调配，实现各清洁能源场站设备的集中监视和管理，提高公司综合管理水平、优化人员结构、提高场站发电效益。

1. 提高清洁能源场站自动化水平

无人值班、少人值守是清洁能源场站运营模式的发展方向，这对清洁能源场站的设备状态、自动化水平、人员素质和管理水平都提出了更高的要求，是清洁能源场站设备一流、人才一流、管理一流的重要标志，建立清洁能源大数据智能集控平台，是实现清洁能源场站无人值班、少人值守的必要条件，对全面提高清洁能源场站自动化水平有极大的促进作用。

2. 提高清洁能源场站群的经济效益

设置清洁能源大数据智能集控平台，建立与当地气象部门的联系，根据气象部门对未来时段天气的预测信息，制订清洁能源场站在未来时段的生产计划，合理安排人员调配和设备检修计划，使资源得到充分利用，提高清洁能源场站群的经济效益。

3. 提高清洁能源场站群在电网中的竞争优势

随着清洁能源场站群规模的日益扩大，清洁能源发电量在电网中占的比重将越来越大，通过建立清洁能源大数据智能集控平台，对各清洁能源场站的发电状况进行预测，并上报省级电力公司，以利于省级电力公司电力调度计划的制订，提高发电公司在电网中的竞争优势。

4. 提高公司管理水平

由于清洁能源场站群具有设备多且分布分散、地处偏远的特点，如果对每个清洁能源场站单独管理，需要消耗大量的人力物力，建立清洁能源大数据智能集控平台，实现清洁能源场站群的集中运行管理、集中检修管理、集中经营管理和集中后勤管理，通过人力资源、工具、备件、资金和技术的合理调配与运用，达到人、财、物的高效运作和资源的优化利用，保障实现清洁能源场站群综合利用效益的最大化。

5. 提高清洁能源发电抵御风险的能力

清洁能源发电状况极大地受制于当地的气候条件，恶劣的天气状况会影响清洁能源场站的安全运行，并对清洁能源场站设备造成一定的破坏，建立清洁能源大数据智能集控平台，制定各种气候条件下的防灾预案，根据收集到的各清洁能源场站所属区域的气象预报信息，对于可能到来的灾害性天气，尽早启动防灾预案，对保证清洁能源场站的安全运行、减少灾害损失十分必要。

通过清洁能源大数据智能集控平台将所属的清洁能源场站或其他清洁能源项目集成为一个网络，建立一个功能完善、技术先进、性能良好且可靠、安全、稳定的综合自动化系统，实现对所属清洁能源场站的统一监视、控制及管理。

2.5.2 理论依据

1. 智能集控数据采集需要统一标准并具有高可靠性和高稳定性

各清洁能源场站采集的数据复杂多样，必须建立统一的数据采集标准以规范采集范围、约束采集方式，实现不同协议类型数据的转换，统一支持多种程序接口如Modbus、OPC、103规约、104规约等电力系统标准接口。智能集控数据采集还应具有高可靠性和高稳定性；数据传输过程中必须考虑数据缓存机制，确定数据缓存策略及时间，保证数据的连续性和准确性。

2. 智能集控数据需要高精度、实时、全量采集和全在线访问

智能集控管理设备的生命周期通常长达数年乃至数十年，为了从这些设备产生的数据中寻找规律，往往需要对较长时间跨度的数据进行分析，这就要求机器全生命周期内的数据都能被在线访问。

同时，与消费互联网领域相比，清洁能源智能集控领域对数据分析的要求往往更讲求精细化，例如高速旋转设备的故障诊断需要深入分析多达每秒千次的采样数据，要求无损全时采集数据。在大数据时代到来前，由于成本高的原因，进行机器全生命周期数据全时无损采集和全在线访问基本没有可能，往往只能在有限时间段内进行粗采样粒度的数据分析，造成许多应用无法实现。大数据时代的低硬件成本系统技术，使得机器数据无损全时全在线采集成为可能，这将极大释放应用创新的潜力。

3. 智能集控设备管理需要考虑数据在物理世界的内在关联和工作机理

机器的工作往往遵循既定领域的自然原理，例如风电机组的工作和空气动力学有关，并受控制逻辑影响。机器和机器之间还可能有确定的关联，例如电网中设备之间的连接关系。设备大数据分析应用需要将数据和机器的工作机理、内在联系有机结合在一起，同时还要考虑机器工作的地理、天气等周边环境信息。

4. 智能集控大数据分析和处理需要满足时效性要求

为了更好地通过数据来获取信息、制订策略，许多机器大数据应用都有时效性要求，如对设备故障的感知以及对预警预测的发现，而这些时效要求对于分析应用的效率提出了挑战。

5. 智能集控资产全周期管理流程需要做到标准化

研究建立智能集控资产全周期管理模型，必须先梳理设备全生命周期管理业务，建立资产全周期统一的管理标准、流程及评估体系，在标准与体系的基础上建立平台化的资产全周期管理模型。不同实体通过平台的统一权限管理实现场站设备及物资、生产运行、检修计划、监督及安全管理的标准化及信息化管理。目前，很多清洁能源企业纷纷建立集中化生产运维监控平台。以大数据集控中心为支撑的运维模式的建立，大幅减少了场站现场的人员配置，增强公司的管控能力，整体经营效益得到明显

提高，同时也极大地提升了并网发电效率，提高了区域电网的安全稳定运行水平。

数据在存入大数据平台后，往往会面临着对数据分析的实时性要求。大数据平台提供的各种查询接口效率参差不齐，其根本原因是每种查询引擎（例如 Hive、Impala、Hbase 等）都是在功能完整性（例如对 SQL92 的支持程度）和查询效果（例如响应时间、资源消耗）之间进行取舍，并没有一种适合所有场景的大数据查询引擎存在。应用开发人员需要根据特定需求来选取合适的查询引擎，并且进行精心的查询优化（例如分表、分区等），才能满足应用的需求。另外，行业应用对于机器数据的查询有很多特殊的需求，比如针对设备传感器产生的时间序列指标，有时需要查询一个模糊时间点（数据库里面不一定有该时间点的对应记录）周围的数据，这类带有工业语义的查询，往往也要求应用开发人员能够熟悉底层查询引擎细节，才能高效实现。

2.5.3 功能要求

智能集控系统提供的以资产设备为中心的数据高效分析性查询（实现对大量历史数据的过滤、降频、变换、聚合等操作）和统计性查询（实现近线式时序数据的趋势走向和指标统计）将是保障实时性的关键。

2.5.3.1 集中监视功能

除了地图的显示方式外，还可以以列表的方式显示更详细的数据，例如实际功率、无功功率、设备总数、运行设备数、停机设备数、待机设备数、故障运行设备数、通信中断设备数等。以实时动态曲线的方式显示区域公司或场站的统计信息。集中监视功能主要包括管控中心监视、场站信息监视、风电机组信息监视、光伏电站信息监视、升压站信息监视、测风（光）塔监视、电量采集系统监视。

1. 管控中心监视

管控中心监视实现集中展示功能，便于集中监控。

2. 场站信息监视

以风电场和光伏电站为例，场站信息监视以实时动态曲线的方式显示风电机组或逆变器信息，此动态曲线及其信息可以自由配置。

实时信息包括基本信息以及所有发电设备的运行概况图，发电设备按照输电线路方式或者矩阵方式排列。

风电机组运行状态实时显示，不同图标显示不同状态，图标下面显示其风速、功率。

除了图形的显示方式外，还可以以列表的方式显示风电场风电机组设备的详细数据，例如有功功率、无功功率、风速、风电机组状态、风电机组故障、三项电压、三项电流等。显示数据信息可以通过调整配置灵活修改。

3. 风电机组信息监视

在风电场中，风电机组信息监视按照部件将发电设备数据进行分组，可以显示风电机组的模拟量及开关量，可以为模拟量设置正常范围，当数据超出正常范围时可以通过颜色或其他方式辨识出异常数据。

查看某参数的实时变化曲线，可以将多个点形成的曲线在一幅图上显示，可以通过鼠标拖拽对图形局部进行放大、缩小。

历史运行数据以曲线趋势图与表格的方式显示。可以通过鼠标拖拽对曲线趋势图局部进行放大、缩小。

从总视图可以进入到各部件的详细视图，按部件详细显示风电机组的实时信息，包括机舱、塔筒、叶轮系统（变桨）、发电机、变流器、变压器、电网接入装置、主控系统、振动系统、传动系统、偏航系统。

4. 光伏电站信息监视

在光伏电站中，光伏电站信息监视具有以下功能：

（1）状态监测与评估。监控中心能通过显示器对光伏电站主要设备运行参数和运行状态进行监测，通过系统配置图、电气接线图、过程曲线图、统计报表等画面监测系统的各个细节，并评估系统的生产运行状态。

（2）光伏系统报警与诊断。系统报警可分为两种类型：一种是事故报警；另一种是警告报警。前者一般包括逆变器主动上报的故障信息以及非计划性断路器跳闸等；后者包括一般设备变位、采集数据异常、趋势报警等。报警信号以图形、文字、语音等形式发出，并提供辅助诊断信息。

（3）光热与储能监控。光热与储能监控可以实时采集光热支路、储能并网点或接入点、公共资产分界点处电压、电流，实现对微网一次拓扑结构中主要节点的潮流监控，并具备对电源送出线路、储能接入线路等的故障识别功能。

根据微电网系统的分布式电源、储能系统运行状态（充放电状态、SOC 值）、总负荷实时功率和电网资产分界点潮流情况等进行微电网源、储协调优化控制。保证在负荷可靠供电的前提下实现微电网系统的优化经济运行。

通过监测微电网拓扑结构主要节点参数的变化，智能调节光伏、储能系统功率，使系统可以安全、稳定、经济地输送清洁电力。

项目负荷优先消纳微电网内的可再生能源电力，当微电网供电不足时，电网给予调剂余缺；当微网电量存在剩余时，可以通过原有供电系统返送电网。

光热与储能监控系统可以智能识别微电网系统发电、储能单元的投退变化，以及运行方式的变化，以保障系统在每种运行方式下均可持续智能运行。

光热与储能监控系统具备完备的事故告警功能，如过压、欠压、过流、频率异常、装置异常等。

光热与储能监控具有完整的事故记录、数据记录、查询功能。

5. 升压站信息监视

在电站概况图上选择变电站图标，进入变电站实时状态展示界面。可在监控中心远程对升压站进行监视，系统具备以下功能：

(1) 升压站实时数据显示界面与电站升压站监控系统界面一致，显示变电站电气主接线图或局部接线图，内容包括出线、母线及其有关的断路器、隔离刀闸、接地刀闸等，并可以显示运行状态，P、Q、$\cos\phi$、U、I、f 等参数值，分接头挡位位置，动态无功补偿装置主要运行信息等。

(2) 查看升压站的数据实时变化曲线，将多个点构成的曲线在一张图上显示，可以通过鼠标拖拽对局部图形放大、缩小。

(3) 查看升压站的历史运行数据，以曲线趋势图与表格的方式显示数据。在趋势图中可以通过鼠标拖拽对局部图形放大、缩小。

6. 测风（光）塔监视

以风电场和光伏电站为例，在概况图上选择测风（光）塔图标，进入测风（光）塔实时状态展示界面。查看测风（光）塔的数据实时变化曲线，可以将多个点构成的曲线在一张图上显示，可以通过鼠标拖拽对局部图形放大、缩小。查看测风（光）塔的历史运行数据，以曲线趋势图与表格的方式显示数据。在趋势图中可以通过鼠标拖拽对局部图形放大、缩小。

7. 电量采集系统监视

监视电站电量关口表数据，支持查询统计功能。

2.5.3.2 集中控制功能

1. 风电机组控制

在风电场中，具有以下功能：

(1) 单台控制。集中监控系统可在监控中心远程对全场及单台风电机组进行控制，包括单台风电机组远程启动、停机、复位及有功和无功控制；整个风电场远程启动、停机。

(2) 批量控制。批量控制是指批量控制风电场及各期风电机组，对成组风电机组进行远程启动、停机、复位及有功和无功控制。

2. 光伏设备控制

在光伏电站中，光伏设备控制可以控制逆变器的启动、停止、复位。

(1) 逆变器控制。逆变器控制包括复位、启机、停机（含常规停机、调度停运备用、场外受累停运备用、场内受累停运备用）、检修、故障的控制等，并分别统计对应时间。

挂牌功能是指在逆变器检修等的情况下，逆变器的启动、复位按钮的挂牌（提示禁止操作)。

(2) 逆变器批量控制。逆变器批量控制是指对光伏电站内的逆变器批量启动、停机(含常规停机、调度停运备用、场外受累停运备用、场内受累停运备用)、复位操作(含全场逆变器、某线路上所有逆变器和自由选定逆变器)。

3. 升压站系统控制

升压站系统控制可以实现以下主要操作:①对断路器/刀闸分、合的远程操作;②对补偿电容器投、切的远程操作;③对有载调压变压器分接头的远程调节。

监控中心主站、风电场子站及就地三级均能实现控制功能。控制权的优先顺序是:就地优于风电场子站,风电场子站优于监控中心主站。

遥控操作只能在操作员站上进行,操作人员必须具有权限和登录口令才能实施操作,输入站名、设备编号,以防误选点。操作过程有记录,可查询、打印。

电气设备操作必须有返送校核,按选点、校验、执行按钮。操作的起始和结束通过画面和信息窗口提供的相应提示进行。

4. 安全措施(防误闭锁)

安全措施应具有防止误操作的功能,电气设备操作通过"五防"逻辑判断,并有出错报警和判断信息输出。经过"五防"系统逻辑判断正确后方可对升压站进行操作。

2.5.3.3 故障报警功能

报警事件发生时,系统自动监测到事件并报警。报警按照严重程度和类别进行分级分类,并以列表、光字牌、语音等方式提供给用户,重要报警可以提供确认操作,同时提供历史故障、历史数据、日志等的查询功能,也可以进行设备的报警统计和故障统计,并能够打印。用户可以对报警设定级别并做出不同响应,也可以自定义报警等级,以及相应的报警短信通知内容、通知人员等。

1. 报警分级

报警事件按照程度分为三级,包括严重故障、一般故障以及一般事件。其中,严重故障包含风电机组的故障停机、线路和主变的跳闸(风电场);一般故障为特定的变量值超过系统界限值;一般事件为风电机组的启停机事项(风电场),线路刀闸的状态变化。

2. 报警处理

智能集控系统具有报警确认功能,所有报警均可以在报警后进行确认并有确认记录,严重故障报警必须进行确认后方可消除报警闪烁、声音等指示信息。报警确认分为三个等级:一般事件等级,报警信息在系统界面上弹出来进行提示;一般故障等级,报警信息在系统界面上弹出来进行提示,另外加一次语音播报;严重故障等级,报警信息在系统界面上弹出提示,并且在值班人员确认前会循环播报。

3. 通信报警

通信报警功能可以实时监测各电站主要设备及升压站开关、刀闸，在设备或者开关、刀闸网络终端处于离线状态时进行通信报警。升压站刀闸及开关的通信状态监控需要升压站厂家提供相关数据接口，如没有修改功能，则升级改造由升压站厂家提供。

4. 历史报警查询统计

系统提供风电机组历史故障、历史数据、日志等的查询功能（风电场），提供升压站历史SOE查询，也可以进行设备的报警统计和故障统计。

5. 事件顺序记录及事故追忆

当电站控制系统满足相关事件记录对集控系统输出的要求时，集控系统能对电站内重要事件（断路器/刀闸变位、保护动作，风电机组故障和报警，风电机组状态变化）进行顺序记录及事故追忆。

若事件顺序记录处理的信息完整，则可生成事件记录报告，以显示、打印方式输出。

集控系统可满足用户对某一历史时间段生产过程数据进行回放的要求，并支持快进、暂停等功能，便于用户进行事故分析、历史生产过程重演等，从而直观、明确地查看导致问题测点的变化情况。生产过程回放可改变以往分析事故和处理缺陷仅通过查看和打印历史曲线和参数的方式，以更加直观的图形方式全面展现机组工况，提高事故分析能力和反应速度。

2.5.3.4 功率控制功能

集中监控中心展示的电站功率控制系统关键数据，使得在集中监控中心就可以了解到电站限电情况和限电控制效果，方便区域公司统计下辖所有电站的限电情况；接收并存储电站功率控制系统收到的电网有功控制指令；接收并展示电站功率控制系统上传的调度数据，通信点表举例见表2-3；接收并展示电站功率控制系统的实际控制效果曲线。

表2-3　　通信点表举例

点号	IEC104类型标识	IEC104规约内部点号	点号说明
0	1	1	调度自动发电控制（automatic generation control，AGC）是否投入标志
1	13	16385	风电场负荷控制上限
2	1	2	风电场是否可受控
3	13	16386	风电场负荷控制下限
4	50	25089	计划出力
5	13	16387	风电场上网有功功率

续表

点号	IEC104 类型标识	IEC104 规约内部点号	点号说明
6	13	16388	风电场平均风速
7	13	16389	风电场平均出力
8	13	16390	风电场待机容量
9	13	16391	风电场故障机组容量
10	13	16392	发电机组容量
11	13	16393	远程停机机组容量
12	13	16394	远程停机机组个数
13	13	16395	限功率容量
14	13	16396	限功率个数
15	13	16397	自由发电容量（运行未限功率）
16	13	16398	自由发电个数（运行未限功率）
17	13	16399	待机机组个数
18	13	16350	故障机组个数
19	13	16351	运行机组个数

2.5.3.5 场群监控统计报表功能

1. 数据查询

数据查询功能包括实时数据查询、实时数据查询、10min 数据查询、历史故障查询、主故障查询、日数据查询等。

2. 数据分析

数据分析功能主要包括统计分析、对比分析、报表分析几个部分。

（1）统计分析。统计分析包括故障统计、故障分类统计、10min 数据统计、日数据统计、10min 数据汇总、日数据汇总等。

统计分析功能主要通过对电站已经发生的故障、状态和事件数据进行统计分析和比较，帮助用户发现电站潜在的问题和规律性的运行特征，评价生产设备的运转情况和预测系统可能发生的事故。针对该机组制订更加合理的运维方案，在发生事故时能快速找到事故的原因，并找到恢复生产的最佳方法。

（2）对比分析。数据对比分析是指用户可以将电站中的任意两个量分别设定为坐标系的 x 轴和 y 轴，并通过坐标系显示出来，分为历史实时数据对比、10min 数据对比。对比分析主要以图表形式表现。对比分析主要包括功率曲线分析、风频分析（风电场）和历史故障分析三项内容。

1）功率曲线分析。功率曲线分析能够对电站的实际功率曲线、担保功率曲线和折算后功率曲线进行统一显示和对比，通过对功率曲线的对比分析，可以评估电站的性能和运行质量，并能够发现潜在问题。

2）风频分析（风电场）。风频分析用以评估风电机组的风能资源状况。

3）历史故障分析。历史故障分析可以在监控中心对故障进行分类统计，通过分类统计的结果可以分析出一段时间内发生最频繁的故障和触发故障最频繁的设备。

（3）报表分析。报表分析包括定时报表，生产日报、月报、年报，自定义报表的分析。

1）定时报表。此类报表可根据业主需求按照固定的模板定时自动生成电站生产运行统计信息，包括风速（风电场）、有效风小时数（风电场）、发电量、平均功率、发电损失、可利用率等信息。

2）生产日报、月报、年报。此类报表主要提供主要的日生产运行统计信息，包括风速（风电场）、有效风光小时数（风电场、光伏电站）、发电量、平均功率、发电损失等信息。

系统会按照固定的模板自动生成该类报表。

生产统计日报包括单个电站生产统计日报；发电电量、上网电量、消耗电量、平均风速（风电场）、平均功率等客户关心的数据。

生产统计月报包括单个电站生产统计月报；发电电量、上网电量、消耗电量、平均风速（风电场）、平均功率等客户关心的数据。

生产统计年报包括单个电站生产统计年报；发电电量、上网电量、消耗电量、平均风速（风电场）、平均功率等客户关心的数据统计。

3）自定义报表。此类报表主要提供升压站、电站设备、电能计量等相关数据的整合信息，具体报表样式由用户方提供，可自定义编制公式进行计算。生成周期为日、月、年等。

3. 设备故障及异常分析

设备故障及异常分析包括故障查询、故障统计、故障分类统计。

（1）故障查询。故障查询可查询和导出单台或多台设备在某时间段内的故障信息、故障明细记录数据（可跨电站查询），并可以通过单击“解决方案”按钮为每个故障添加解决方案。

（2）故障统计。故障统计查询和导出单台或多台设备在某时间段内的故障信息；可按故障（故障描述、发生次数、故障时长、故障时长描述）或设备（设备名称、发生次数、故障时长、故障时长描述）进行统计，并且还可以通过双击故障描述或设备名称查询相应的设备名称、故障描述、发生次数、故障时长、故障时长描述等信息。

（3）故障分类统计。故障分类统计可查询和导出单台或多台设备在某时间段内的所有故障分类信息；可按分类（故障分类、发生次数、故障时长、故障时长描述）或设备（设备名称、发生次数、故障时长、故障时长描述）进行统计，并且还可以通过双击故障描述或设备名称查询相应的设备名称、故障描述、发生次数、故障时长、故障时长描述等信息。

第3章

清洁能源大数据平台架构

3.1　平台架构设计技术

大数据为客户带来的价值正在逐渐凸显，抢占清洁能源行业高精度实时生产数据并形成数据中心，为各个公司及业务单元提供高价值的数据增值服务成为未来的趋势和各大清洁能源公司的重要战略。同时，安全可靠的电力调度网络是实现电力安全生产的重要保障。因不遵守安全生产规定操作造成电网安全隐患的事故时有发生，因此急需建设一套标准化、可共享、高安全保障的智能管控平台实现既定的目标。

3.1.1　设计意义及原则

3.1.1.1　意义

（1）增强电网数据网络安全，利用统一的平台与标准化的实施方案防治分散化数据接入不规范带来的安全隐患。

（2）引导区域内清洁能源场站由分散式运维向集约化运维转变，减少清洁能源企业为实现集中化运维所付出的建设维护成本，并利用技术资源集中化优势，实现平台的高可靠性、高可用性。

（3）支撑能源大数据平台的清洁能源生产数据的引入与数据增值服务的发布，实现大数据平台与实际生产业务的无缝连接。

（4）促进清洁能源调度管控能力，为电力交易、调度计划及能源合理化分配提供实时数据支撑。

3.1.1.2　原则

为保证对未来更多业务和数据提供支撑，系统在设计建设过程中应坚持可扩展性、稳定性、安全性、兼容性、开放性、统一管理的原则。

1. 可扩展性原则

在满足当前需求的基础上，数据平台应具有良好的扩展能力。考虑未来的增量和可能的变化，以及创新业务的开展，采用可动态扩展且基础架构一致的技术方案和技术路线，便于后续根据业务的实际发展情况进行系统扩容调整，且这种调整应具备按不同的功能分区，独立灵活进行扩展调整的能力。如当实时分析类应用增加时，可独立按需地对实时分析处理功能区进行扩容。

2. 稳定性原则

数据平台应确保系统的整体稳定性和可靠性，保证为用户提供连续不间断的7天×24h服务以及数据的持续接入管理，在设计和建设时要减少单点故障的存在，对于可能存在单点故障的环节在设计上要尽可能减少其对整个系统的影响。

3. 安全性原则

应具有完整的安全策略和切实可靠的安全手段保障数据平台的安全，特别是数据的安全。一方面通过大数据平台的数据备份和数据灾备机制，确保汇集到平台上的数据不丢不缺，且在发生系统故障时能够快速进行数据恢复；另一方面通过各级安全管控机制，避免非授权的数据访问及抽取，确保让正确的用户在正确时间访问正确的数据。

4. 兼容性原则

相应平台技术及数据标准升级后，平台能够兼容旧的版本和跨平台应用，保障历史数据的可延续。如对平台数据分析功能区数据分析服务进行版本升级之后，应确保原数据分析任务在平台上的兼容运行。

5. 开放性原则

数据平台应遵循开放性原则，即在安全防护和合理授权的前提下，以标准化的接口及规范，向合作伙伴开放平台的数据和各类功能，共同打造大数据商业生态。

6. 统一管理原则

数据平台各功能分区应被纳入统一管理，建立统一的数据模型管理、用户管理、资源管理和运维管理机制，并在此基础上提供数据全生命周期的数据运维和质量管控能力。

3.1.2 核心平台功能架构设计

核心平台功能架构设计图如图3-1所示，清洁能源大数据创新服务平台总体遵循“一平台、多场景、微服务、微应用”的开放共享建设思路。通过物联网平台接入源、网、荷各类型数据，在完成设备或系统实时监控的同时将数据汇总转发到大数据分析管理平台。通过大数据分析管理平台内置工具完成数据清洗等一系列数据质量管理流程，然后按照数据分类标准统一存储至数据湖，并通过数据访问服务、数据分析服务按照统一数据标准对外提供数据服务。利用数据服务，结合高性能计算服务、云平台服务，打造创新服务运营平台，提供开放应用市集和运营支撑，支撑创新服务的快速落地、部署、发布，并可通过互联网应用服务平台对外提供服务。

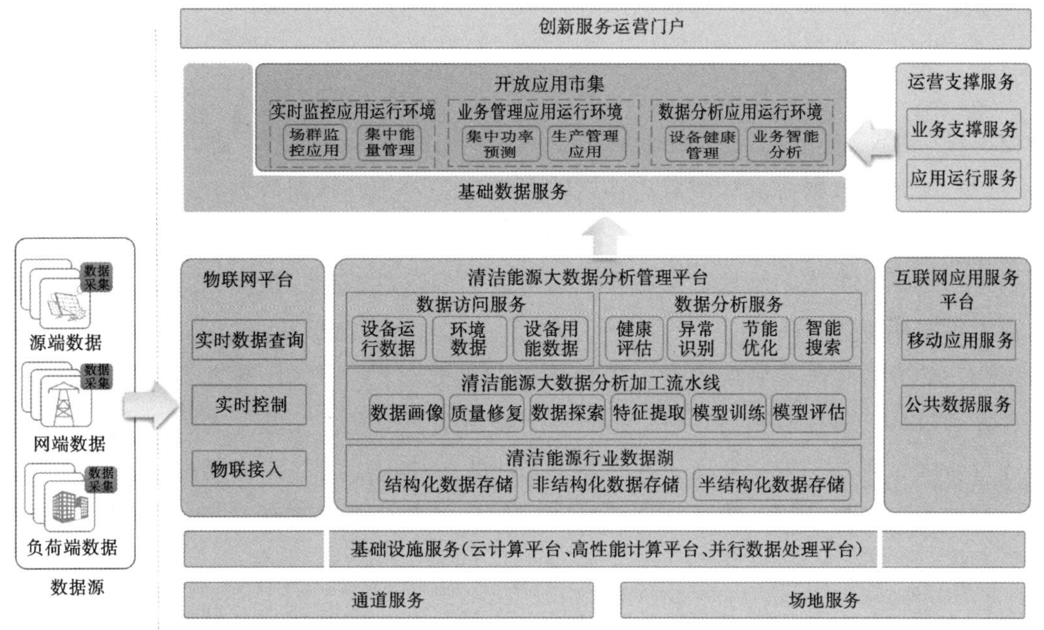

图 3-1　核心平台功能架构设计图

3.1.2.1　物联网平台技术架构

物联网平台主要负责设备认证、设备数据采集、协议适配、实时监控、告警管理、数据转发等。物联网平台技术架构图如图 3-2 所示。

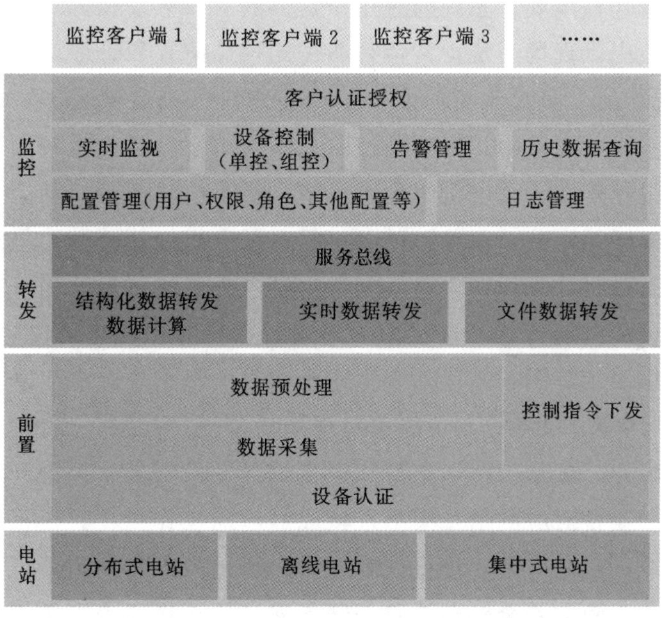

图 3-2　物联网平台技术架构图

物联网平台的技术架构包括以下部分：

（1）电站（数据源），包括分布式电站、离线电站、集中式电站等，采集电站中的风电机组、光伏、升压站、储能、测光塔、测风塔、水电站等设备数据，适配104协议、101协议、103协议、Modbus协议、61850协议等主流设备协议。

（2）前置，根据协议和配置，连接数据源设备，实时采集数据，采集周期最小为1～5s，采集到设备数据之后，生成1min、5min、10min等业务需要的统计数据，把原始采集数据、生成的统计数据转换成内部定义的信息模型，按照内部通信协议，通过数据传输服务进行传输。

（3）转发，将采集到的数据，进行压缩后通过TCP、UDP等方式，发送给一个或者多个目标，目标收到后，再进行解压，提供给对应服务。转发会将安全Ⅰ区的数据通过防火墙发送到安全Ⅱ区。在转发通道出现异常时，可将未发送的数据缓存到持久化存储中。数据计算功能会根据现场存储的历史数据进行统计计算，提供给所需的功能系统。

（4）监控，主要功能有客户认证授权、配置管理、实时监视、设备控制、告警管理、历史数据查询、日志管理等。

1）客户认证授权。客户认证授权包含管理用户，给用户分配用户名、初始密码、可操作的设备及操作权限等。系统通过用户提供的登录名、密码、验证码进行用户身份认证。同时，还提供现场系统正常运行所需的存储配置和管理功能。

2）配置管理功能。配置管理功能包括管理用户，给用户分配用户名、初始密码、可操作的设备及操作权限等。系统通过用户提供的登录名、密码、验证码进行用户身份认证。同时，还提供现场系统正常运行所需的存储配置和管理功能。

3）实时监视功能。实时监视功能提供设备矩阵、设备列表、实时趋势3种监视视图，监控设备运行状况，用户根据监控需求不同可以自由切换视角。例如对于风电场，提供风电机组矩阵图、风电机组列表视图，对风电机组运行状态进行标识，通过状态标识用户可以轻易定位“问题”风电机组；风电机组矩阵图、风电机组列表视图会对风电机组状态进行详细说明；对于光伏电站，提供光伏模块矩阵图，光伏模块矩阵图中会对光伏模块的运行状态进行标识，通过状态标识用户可以轻易定位“问题”光伏模块；光伏模块矩阵图、光伏列表视图会对光伏状态进行详细说明。

4）设备控制功能。设备控制功能可对现场设备进行控制，点击前端的控制按钮，下达控制指令，将用户编号、按钮类型和设备编号发送到设备控制和权限安全管理服务中；该服务根据设备对应的信息模型，转成对应的操作指令，再根据用户编号、设备编号和操作指令的权限管理，进行权限校验，通过权限校验后，再根据设备编号和操作指令进行软“五防”安全管理校验，校验通过后，将指令下发到前置服务器；前置服务器收到指令后，转发给对应的设备；对应设备收到指令后执行命令，并将执行结果返回到前置服务器；前置服务器将执行结果返回到设备控制和权限安全管理服务中，设备控制和权限安全管理服务再将结果返回到展现层，展现层将结果展现在用户界面。在每个阶段校验时，如果校验失败，则需要将相应的失败原因返回给展现层，提醒用户失败的原因。

5）告警管理功能。告警管理功能可以提供告警信息概览。告警信息概览按故障、警告、提示三个级别分别统计当前告警信息条数，并快速分类过滤，实时提醒用户处理异常；提供声、光、弹窗等多种方式的告警，根据告警级别不同自定义告警规则；支持当前告警与历史告警两种告警功能，前者聚焦于当前需要用户处理或未消除故障的告警信息，后者用于满足历史告警信息的查询、统计功能。

6）历史数据查询功能。历史数据查询功能可以查询某台设备某时间段内的历史数据原始曲线。物联网平台会部署一个数据库，存储少量（大约一个月）的历史数据。

7）日志管理功能。日志管理功能提供对现场的运行日志、异常日志等的管理维护功能。在系统出现异常时，可根据日志信息迅速定位到异常位置。

物联网平台不提供生产数据报表查询等功能。这些功能全部部署在大数据分析管理平台、互联网应用服务平台。

3.1.2.2 大数据分析管理平台技术架构

大数据分析管理平台接入时序数据、对象数据、业务数据各类异构数据，汇聚形成清洁能源大数据湖，提供数据访问服务、数据分析服务，进一步提供清洁能源大数据平台控制台及应用程序接口（application programming interface，API）。大数据分析管理平台技术架构图如图 3-3 所示。

数据集成和实时处理基于清洁能源数据接入标准，集成物联网采集的时序数据、对象数据、业务数据，同时面向时效要求高的应用提供实时处理服务。将多源异构数据（如设备运行数据、生产运营数据、功率预测数据、环境数据等）接入到清洁能源大数据湖一体化存储中。时序数据通过实时和批量两种方式接入，对象数据有批量接入套件，业务数据提供数据抽取（ETL）工具。对于时序、对象、业务三类数据，在设备接入的过程中进行去重、格式校验和统计量审计等数据处理操作，在源头确保接入设备数据的质量。此外，提供设备自动注册和更新功能，自动应对设备及其传感器发生的变化（例如增加新的传感器）而无需更新数据接入程序。

清洁能源大数据湖基于清洁能源数据质量标准，对各类数据的质量进行治理，得到符合标准的高质量数据。进一步基于清洁能源数据存储标准，实现各类数据的标准化存储，时序数据存入时间序列数据存储、对象数据存入非结构化数据存储、业务数据存入结构化数据存储，同时将各类数据的元数据进行统一管理，建立各类数据之间的关联。应用元数据模型，基于一体化查询引擎提供各类数据的联合查询功能，基于

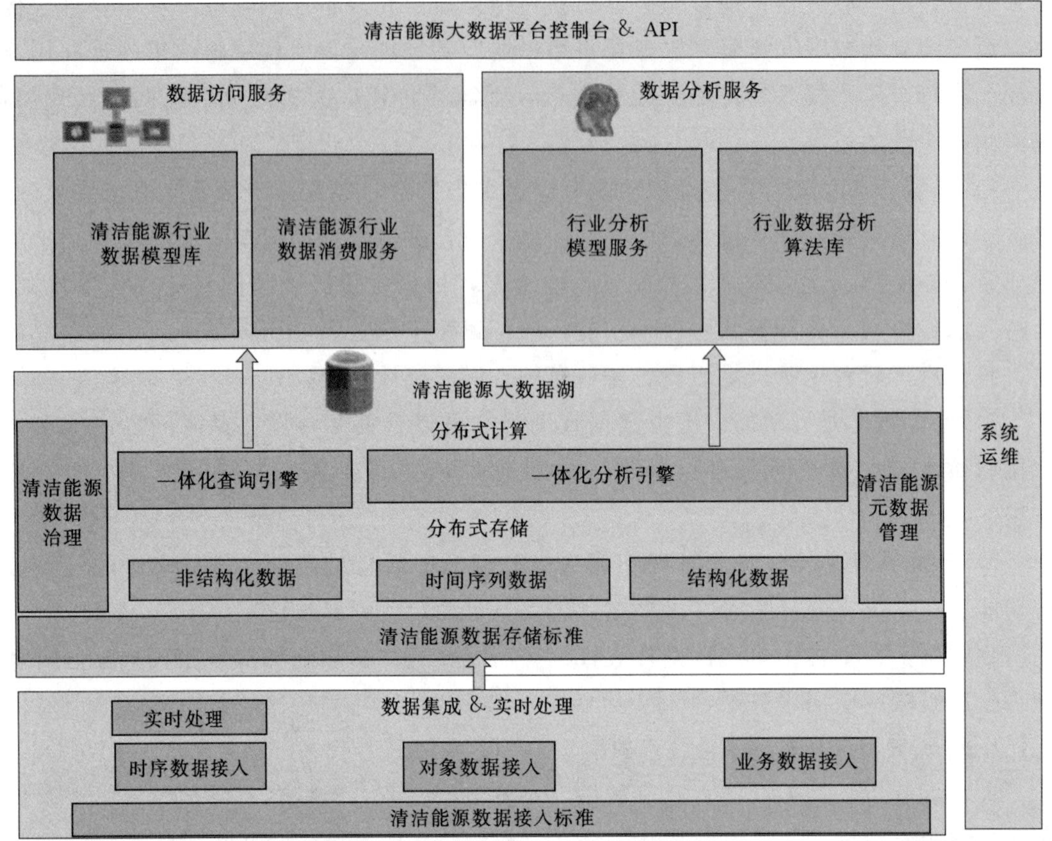

图3-3　大数据分析管理平台技术架构图

一体化分析引擎提供各类分析模型的运行环境并应用各类数据实现并行分析计算。

基于清洁能源大数据湖应用清洁能源行业数据模型提供清洁能源行业数据访问服务，并打造清洁能源行业模型库和分析算法库，对外提供行业数据分析服务。

所有的功能可通过标准的API接口进行访问，同时平台也提供控制台支持数据平台的数据运维操作，包括对平台数据接入量、接入速度、计算任务运行状态等的实时监视以及系统运维操作如用户管理、权限管理、使用痕迹跟踪等，提高平台的可运维性。

1. 数据集成 & 实时处理

数据集成 & 实时处理将各类数据从物联网平台数据源接入清洁能源大数据湖的具体步骤如图3-4所示。

（1）时序数据接入。将物联网平台采集的时序数据，如光伏组件监测数据、风电机组监测数据、升压站监测数据等接入到清洁能源大数据湖的时序数据存储中，其主要步骤如下：

1）格式转换。基于清洁能源数据接入标准，将采集端传输过来的数据，转换为

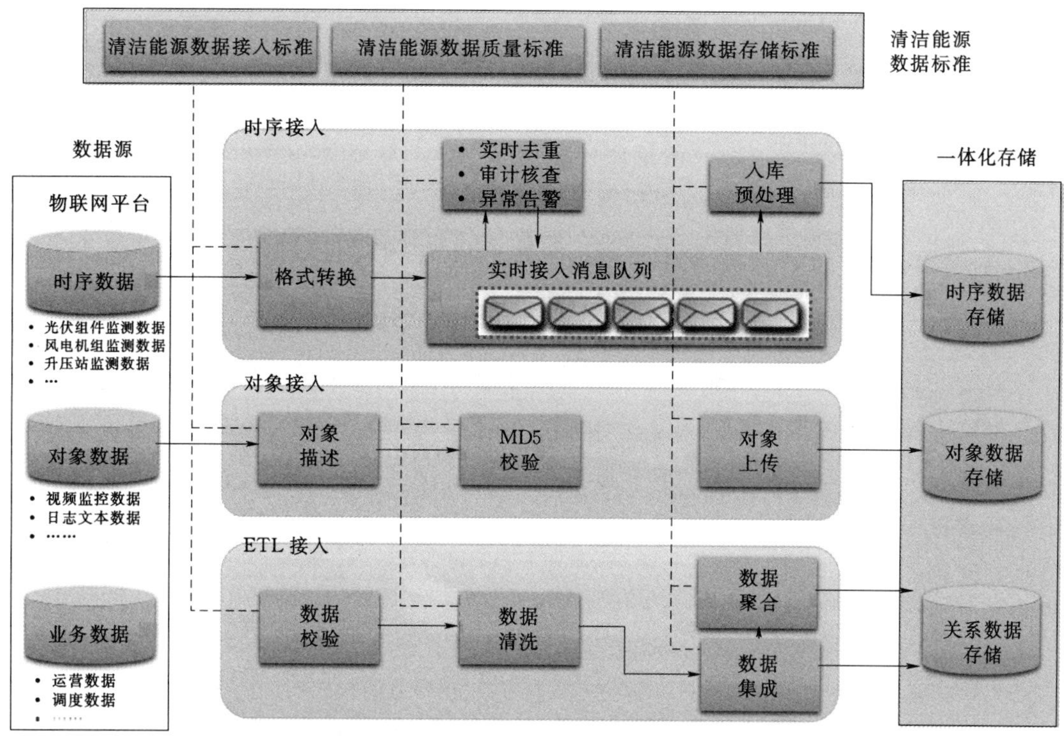

图 3-4　各类数据接入大数据湖的具体步骤

消息队列格式的数据，存入到消息队列中。

2）质量审核。基于清洁能源数据质量标准，对接入数据进行质量核查工作，包括实时去重、审计核查、异常告警等，得到高质量数据。

3）入库预处理。基于清洁能源数据存储标准，从消息队列中取出消息数据并行化存储到时序数据存储中。

（2）对象数据接入。将物联网平台传输过来的对象数据，如视频监控数据、日志文本数据等接入到清洁能源大数据湖的对象数据存储中，其主要步骤如下：

1）对象描述。基于清洁能源数据接入标准，应用清洁能源数据模型为对象数据添加描述信息，如文件名称、类型、用途等，形成对象元信息，方便检索应用。

2）MD5 校验。基于清洁能源数据质量标准，通过 MD5 校验，确保对象数据的完整性。

3）对象上传。基于清洁能源数据存储标准，应用分布式文件系统写入接口，将对象数据上传到对象数据存储中。

（3）业务数据接入。将物联网平台传输过来的业务数据，如运营数据、调度数据等接入到清洁能源大数据湖的关系数据存储中，其主要步骤如下：

1）数据校验。基于清洁能源数据接入标准（如数据类型、数值特征等），对数据进行校验，保证数据的准确性。

2）数据清洗。基于清洁能源数据质量标准，对一些空值数据、单位转换数据进行处理，得到符合规范要求的数据。

3）数据集成。基于清洁能源数据存储标准，根据数据 Schema 映射规则，将业务数据存储到符合 Schema 定义的关系数据存储中。

4）数据聚合。基于清洁能源数据存储标准，将业务数据按地域、时间等各种维度进行聚合，将数据存储到关系数据存储中。

2. 大数据湖

大数据湖架构基于清洁能源数据模型驱动多类型数据引擎融合，利用底层不同的数据引擎来存储管理不同类型的清洁能源设备和运营相关数据，如设计数据、运维数据、调度数据、用电数据等，以实现最佳性能；并通过一个统一的清洁能源设备全生命周期数据模型，对同一设备的各类型数据进行管理，降低数据理解和获取成本。大数据湖架构图如图 3-5 所示。在图 3-5 中，AGC/AVC 为自动发电控制/自动电压控制装置。

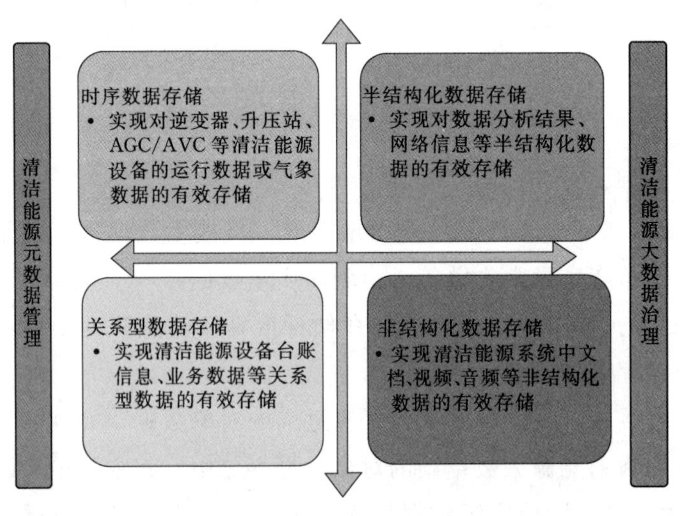

图 3-5　大数据湖架构图

（1）清洁能源元数据管理。清洁能源元数据管理通过数据元模型，结构化地描述设备产生的时序数据、对象数据及业务数据，方便数据分析、数据查询和对于多源异构数据的访问。当对应元模型建立以后，只需要指定地区、电站、时间等维度，就可以获取相应的工况指标（时序数据）和故障文件（对象数据），进行分析和计算。

1）时序数据元数据管理。时序数据元数据是对时序数据基本信息的建模及描述，字段主要包括 Field、FieldGroup、Asset、Compound ID 等。

Field：具有数据类型的数据列定义，用来存储具有相同数据类型、相同意义的数据，如某类型传感器产生的数据。

FieldGroup：一组 Field 的组合，用来组织 Field，存储固定结构的时序数据。

Asset：能够产生机器数据，装有一组传感器的资产或虚拟资产，如一台风电机组、一台发电机、一个智能电表。

Compound ID：在 FieldGroup 中，一组 ID Fields Group 的 field—value 键值对被称为 Compound ID。Compound ID 可唯一标识一个 Asset。

2）对象数据元数据管理。对象数据元数据是对对象数据基本信息的建模及描述，包含产生对象文件的设备型号、设备编号、文件产生的时间等。对象数据元数据管理可方便后续管理、查询、分析这些设备产生的对象文件。设备报警文件分类图如图 3－6 所示。

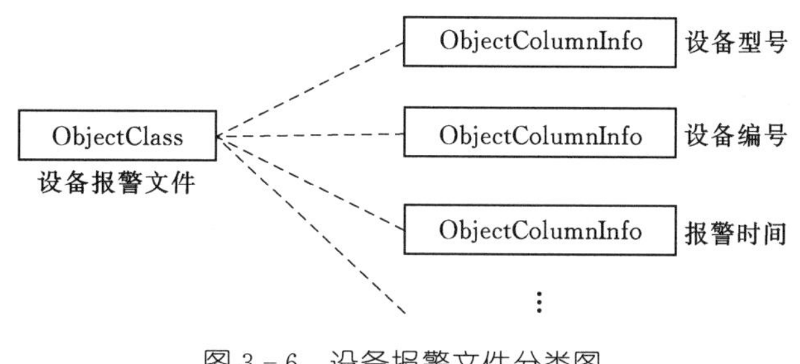

图 3－6　设备报警文件分类图

ObjectClass：一个对象类型，例如“设备报警文件”，类似关系数据库中的一张表。

ObjectColumnInfo：用于描述特定对象类型的列信息，类似关系数据库中表的列，例如某设备可能存在“设备型号”这样的列；一个对象类型定义的所有 ObjectColumnInfo 组成了对象的元数据。

Object：一个对象，属于唯一的对象类型，包括元数据和对象文件两部分。

Field：对象的描述属性，为一个键值对，类似关系数据库中某列的列名及其值，例如某对象的“设备型号”＝“ABC”。

Tag：标签，每个对象可以关联一到多个标签，用于附加一些临时信息。

File：对象文件，对象所发生情况的信息汇聚，能够查看具体情况。

对象标签图如图 3－7 所示。

3）业务数据元数据管理。业务数据元数据是对业务数据属性信息的建模及描述，例如营销计划的开始时间、完成时间、状态、计划内容等。元数据管理可方便后续管理、查询、分析这些业务数据。

（2）时序数据存储。时序数据存储区域按照应用需求划分为主存储区、实时存储区、统计存储区。在此基础上建立对应的查询存储器。然后开放统一的查询接口。

主存储区主要存储数据的历史信息。使用者可按时间、设备等维度查询大批量的

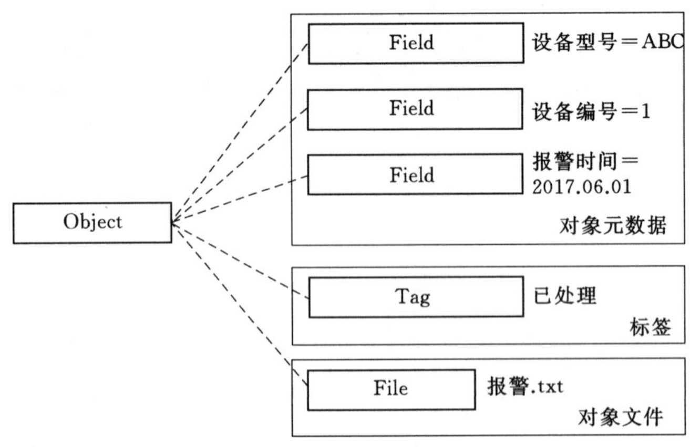

图 3-7　对象标签图

历史数据，进行大数据分析。采用分布式文件系统（hadoop distributed file system，HDFS）存储。

实时存储区主要存储面向于设备监控场景、响应时间短（一般为秒级响应）、实时性较高的数据。实时存储区采用内存数据库进行存储。

统计存储区主要存储根据业务人员日常应用的统计规则，预先进行维度统计的数据。按照地域、电站、时间等业务维度进行统计。统计存储区采用关系数据库存储。

存储查询架构分为查询接口层、查询分发器、主存储、统计存储和实时存储，存储查询架构图如图 3-8 所示。

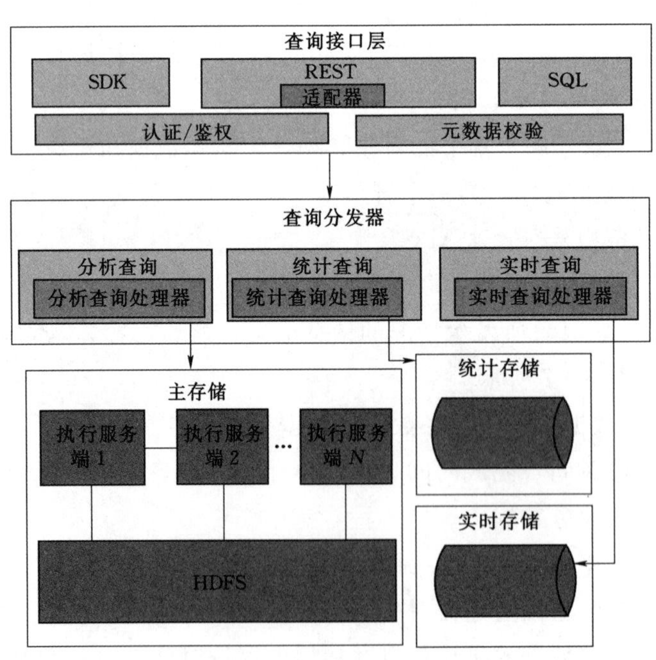

图 3-8　存储查询架构图

查询接口层会通过适配器来对查询请求进行分类，并针对不同的查询请求做相应处理。与此同时，在执行用户查询请求之前会做统一的权限验证来保证数据的安全性，并通过统一的查询请求验证格式来验证用户的查询请求是否合法，对于不合法的查询请求返回用户提示信息。

查询分发器将不同的查询请求分发到所属的查询请求接收代理器上。其中，实时查询服务由实时查询处理器负责；统计查询服务由统计查询处理器接管；而分析查询由分析查询处理器负责。

各种请求接收代理器访问相应的底层处理器或存储区，从而完成请求逻辑的执行并获得相应的查询结果。其中，实时查询处理器访问实时数据存储区获取实时数据；统计查询处理器访问统计数据存储器来获取统计数据；分析查询处理器通过对原始数据的分析得到分析数据。

（3）对象数据存储。对象数据存储针对非结构化、半结构化的对象数据，如 HTML、图片、文档、视频等。对象数据存储采用全分布式架构、数据块粒度切分、在线扩容减容、复制备份及普通电脑硬件适用性等关键技术，支撑安全的 PB 级及以上规模数据的在线存储，使安全、低成本、可任意扩容的大数据存储成为可能。

对象数据存储架构分为三层：底层为数据存储层，中间层为服务逻辑层，顶层为用户接口层。各层具体作用如下：

数据存储层负责最终的数据存储。由于对象类型定义数据量较小，对事务的要求较高，因此存储在 MySQL 中。对象元数据即对象的描述属性，与对象文件一一对应，因此数据量较大。对象数据存储提供多种对象元数据存储引擎，如 MySQL、ElasticSearch 和 Mongodb 等，针对不同用户场景的特点选择合适的存储方式。对象数据存储也可按照文件的特点来选择存储方式，例如 HDFS、HBase。另外，对象数据存储还支持用户将文件保存在外部系统，这样仅需维护对象的元数据，也方便从多种维度查询数据。

服务逻辑层中对象类型定义支持用户定义新的对象数据类型；对象元数据存储实现用户对对象数据的各项操作；对象文件存储负责文件的物理存储逻辑，对于数据存储在 HDFS 的情况还需要将小文件合并为大文件以减轻节点内存压力。

用户接口层可以访问服务接口来存取和查询对象数据。

（4）关系型数据存储。关系型数据存储使用分布式关系数据库存储关系型数据。分布式关系数据库具有大规模分布式并行处理的能力，专门管理大规模关系数据库服务器集群。分布式关系数据库通过在多个服务器或主机上分配负载来存储和处理大量数据。

分布式关系数据库逻辑上是一个数据库，物理上是一组一起工作的独立关系数据库。主节点是分布式关系数据库系统的入口点，用户连接并提交 SQL 语句到该数据库实例。主节点负责协调系统中其他数据库实例的工作负载，从节点用于数据处理和存储。这些节点通过数据库的网络层相互通信。分布式关系数据库主要包括主节点、数据节点和互联网络，如图3-9所示。

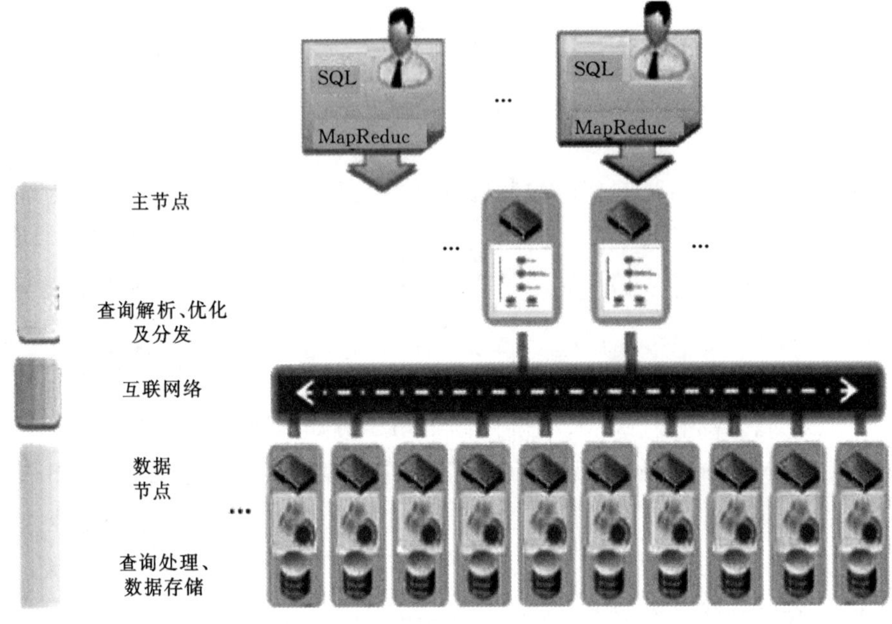

图3-9　分布式关系数据库

1）主节点。主节点是分布式关系数据库的入口点。数据库服务器进程通过主节点接受客户端连接并处理用户发出的SQL命令。用户通过主节点使用客户端程序连接到分布式关系数据库。

主节点维护系统目录是一组包含有分布式关系数据库系统本身的元数据系统表。但主节点不包含任何用户数据，数据仅驻留在从节点上。主节点验证客户端连接，处理传入的SQL命令，分配从节点之间的工作负载，协调每个从节点返回的结果，并将最终结果呈现给客户端程序。

因为主节点不包含任何用户数据，所以它的磁盘负载很小。主节点需要一个快速、专用的CPU来执行数据加载、连接处理和查询任务，特别是在生产环境中，需要额外的空间来加载文件和备份文件。

2）数据节点。在分布式关系数据库中，从节点数据库实例是存储数据的地方，也是大部分查询处理发生的地方。用户定义的表格及其索引分布在分布式关系数据库的可用从节点数据库实例中；每个从节点数据库实例都包含一个独特的数据部分。从节点数据库实例是从节点的数据库服务器进程。用户不直接与分布式关系数据库系统中的从节点数据库实例进行交互，而是通过主节点进行交互。

3）互联网络。互联网络是分布式关系数据库的网络层。当用户连接到数据库并发出查询命令时，会在每个从节点数据库实例上创建进程以处理该查询命令。互联网络是指从节点数据库实例之间的通信，以及该通信依赖的网络基础设施。互联网络使用标准的万兆以太网交换结构。默认情况下，分布式关系数据库互联网络使用UDP协议来发送网络消息。

（5）清洁能源大数据治理。把数据治理贯穿到数据的全生命周期，除了对接入源头的去重、格式校验和统计量审计等环节进行治理外，还包括提供数据质量核查功能，能够实时（或批量）判断时序数据取值异常。设备数据模型版本管理能够屏蔽传感器增加、更名等元数据变更对数据接入和使用产生的影响，同时对于数据分析提供同义字段的关联功能，节省数据分析师清洗和理解数据的时间。

3. 分布式计算架构

（1）流数据处理引擎。在设备运行状态实时分析等领域，通常需要对采集到的关键指标数据进行及时运算，根据运算结果对于超过预警线的情况做出及时报警。实时数据处理引擎通过接收实时数据接口发送来的实时数据，根据预先定义的数据规则进行实时数据计算，对于违反预警规则的计算结果进行相应的报警提示。

流数据处理设计引擎图如图3－10所示。首先，实时数据通过Kafka客户端，写入到Kafka高吞吐消息队列集群中接入Topic。然后，Storm集群通过Kafka消费端，从接入Topic中取出实时数据，进行流计算处理。根据应用分为两个场景：

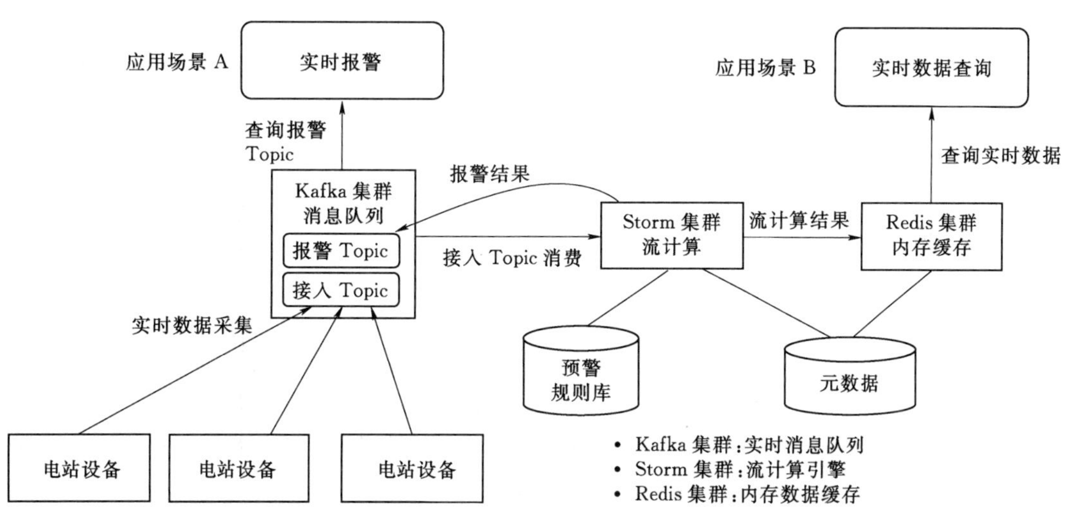

图3－10 流数据处理设计引擎图

1）实时数据查询。在Storm流计算过程中，根据元数据进行相关计算，包括格式转换、数据校验等操作，之后将流计算结果存储到Redis内存缓存中，供上层实时查询时使用。

2）实时报警。在Storm流计算过程中，根据预警规则库进行计算处理，之后将流计算结果存储到 Kafka 集群消息队列报警 Topic 中，供上层实时报警时使用。

（2）一体化数据访问引擎。一体化数据访问引擎通过对底层数据的合理组织，在仅保留一份数据的前提下，同时满足数据分析和数据查询的使用要求。内置清洁能源业务查询语义，提供以清洁能源设备为中心的分析性查询（实现对大量历史时序数据的过滤、降频、变换、聚合等操作）和统计性查询（实现时序数据趋势走向和指标的统计）。降低海量数据的存储成本和使用难度，提升创新应用的开发速度和效率。

专业查询包括以下方面：

1）指定时间点的查询。用户给定设备号、感知指标 ID 与精确的时间戳，返回该设备、感知指标在该时间戳时刻的测点数值。

2）多维值过滤的查询。用户给定设备号、感知指标 ID 和一个时间范围，同时指定多个感知指标值的过滤条件，返回此时间范围内满足过滤条件的该设备对应感知指标的时间序列。时间序列用时间戳和测点值的有序列表表示。

3）聚合操作的查询。用户给定设备号、感知指标 ID 和一个时间范围，同时指定聚集函数，返回此时间范围内该设备对应感知指标的时间序列上的聚集值。

4）模糊时间点的查询。用户给定设备号、感知指标 ID、时间戳以及模糊查找策略，返回该设备感知指标在该时间戳下的数据点，如果数据仓库中在该时刻没有数据，则按照查找策略查找时间最近的数据点返回。

5）给定时间点向前向后的多点查询。用户给定设备号、感知指标 ID、时间戳以及查找方向和返回测点个数，返回该设备感知指标以该时间戳为参考点，按指定方向向前或向后指定测点个数为长度的时间序列。

6）时间序列数据值的缩放。用户给定设备号、感知指标 ID 和一个时间范围，查找此时间范围内的该设备对应感知指标的时间序列，并对该序列中每个测点数值做缩放后返回。

（3）并行化分析引擎。并行化分析引擎将待分析的海量数据有效并行起来执行计算和分析，使得在可行时间内得出结果。通过非侵入式地分析，用户只需要配置并行化字段，系统自动进行已有程序的并行化，极大地降低了并行化分析程序的开发周期和技术壁垒，提高已有分析成果的重复使用。并行化分析引擎主要设计包括：

1）支持 MapReduce 的分布式计算框架。MapReduce 被广泛地应用于日志分析、海量数据排序、在海量数据中查找特定模式等场景中。用户可以通过它编写出同时在多台主机上运行的程序，也可以使用 Ruby、Python、PHP 和 C＋＋等非 Java 语言编写 map 或 reduce 程序。MapReduce 适合于处理大量的数据集，由于同时被多台主机一起处理，因此通常会取得较快的速度。

2）基于指定字段的并行。分析人员可以对数据进行并行粒度设置，比如按时间粒度进行划分，可划分为每年的数据、每个月的数据或每天的数据进行分析；同时可以按某个数据值划分并行粒度。

并行化分析引擎是将数据以文件或数据块为单位分发到大数据管理分析平台中的各个结点上执行而实现并行分析处理，以提高分析效率。

3）非侵入式并行化分析引擎。在支持常规 MapReduce 分布式计算框架的同时，平台还提供非侵入式的分析并行化引擎，用户只需要配置并行化字段，系统自动进行已有程序的并行化，极大地降低了并行化分析程序的开发周期和技术壁垒，提高已有分析资产的重用。

4）错误日志。错误日志可以收集所有的重要日志，以便分析人员从执行日志中获得必要信息。分析人员可以对日志进行关键词搜索，方便排除错误原因。

5）快速调试。快速调试适用于分析任务失败时，检测出只是异常数据错误，即需要对文件中的某些异常数据进行特殊处理，不影响已经成功任务结果的情况。此时不需要重新运行分析已经有结果的数据，可以只重新运行失败的数据，以两次或多次结果作为最终结果。

6）任务重运行。分析人员可以制订定时任务，比如每天固定时间执行某任务，或每周、每月等，任务重运行图如图 3－11 所示。

4. 数据访问服务架构

数据访问服务设计详细描述了从数据查询分析请求提出，到处理结果返回的具体步骤，数据访问服务架构图如图 3－12 所示。

（1）数据查询。基于清洁能源行业数据模型，如光伏组件、风电机组、储能设备、用能设备等，平台通过数据查询服务调用一体化查询引擎，基于元数据对一体化存储中的各类数据进行关联查询，并返回结果，其主要步骤如下：

1）查询分解。查询分解器基于元数据，对查询请求进行分解，判断需要调用的各类数据存储引擎，形成数据查询设计。

2）数据查询。根据数据查询设计，分别调用对象访问引擎、时序数据查询引擎、关系数据查询引擎，对一体化存储中的数据进行查询，并取回各类数据。

3）结果组装。对取回的各类数据进行处理，如聚合、关联、分解等，返回组装后的查询结果。

（2）数据分析。基于清洁能源行业数据模型，如光伏组件、风电机组、储能设备、用能设备，平台通过数据分析服务调用一体化分析引擎，将分析任务下发到各计算节点，进行并行化分析作业，得到分析结果，其主要步骤如下：

1）任务创建。通过任务管理模块，将已有的分析模型如设备预警告警分析、发电量提升、变功率控制优化、负荷预测或新建的分析模型下发到并行化分析引擎。

2）分析计算。基于分析模型的并行化字段配置，利用并行化分析引擎对分析作

机器数据
业务系统
小数据样本
数据准备
数据抽取
专用性
易用性
完整性
数据探索
利用数据探索器(data profile)对全量数据进行可视化探索
数据预处理
提供时间序列处理库函数(如时间序列切片、时间序列分解)
利用(data quality)数据质量评估并修复数据质量问题
数据特征提取
内置典型行业特征提取函数(MFCC、振动)
通过相关函数、模型关系、语法树等方式自动选择特征
数据准模型训练
内置典型模型
自动模型调优
模型选择
模型性能评估
自动模型比较
本地环境
并行化分析引擎
全量探索
数据探索器(data profile)
数据查探器(data explorer)
全量预处理
数据质量(data quality)
全量特征提取
特征提取算法的并行化
模型训练
模型算法的并行化
基于物理模型的无修改自动并行
结果管理
中间结果统一管理
结果统一管理
大数据环境
生产环境
大数据
模型发布
一键式发布
任务管理
任务监控

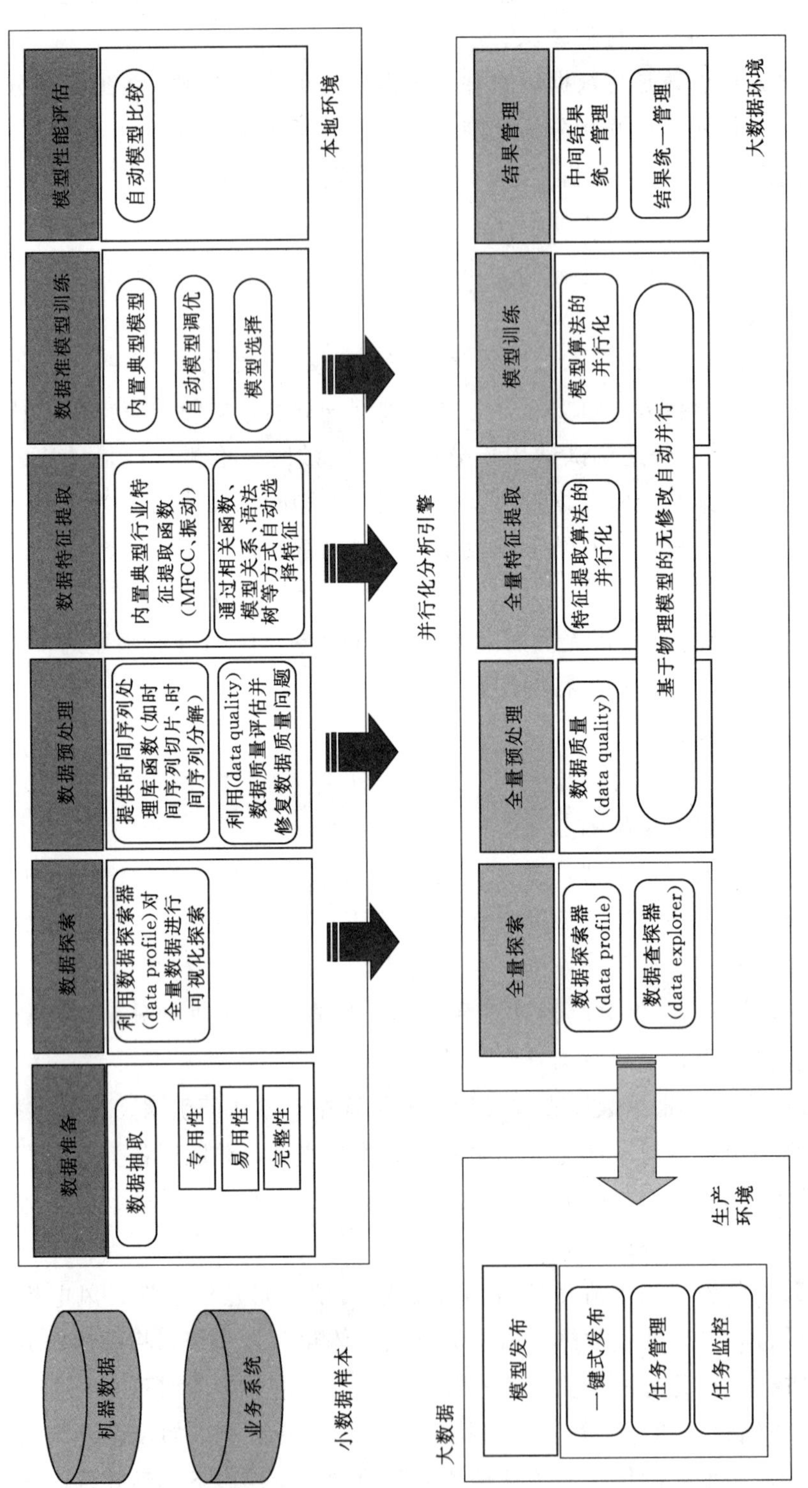

图 3-11　任务重运行图

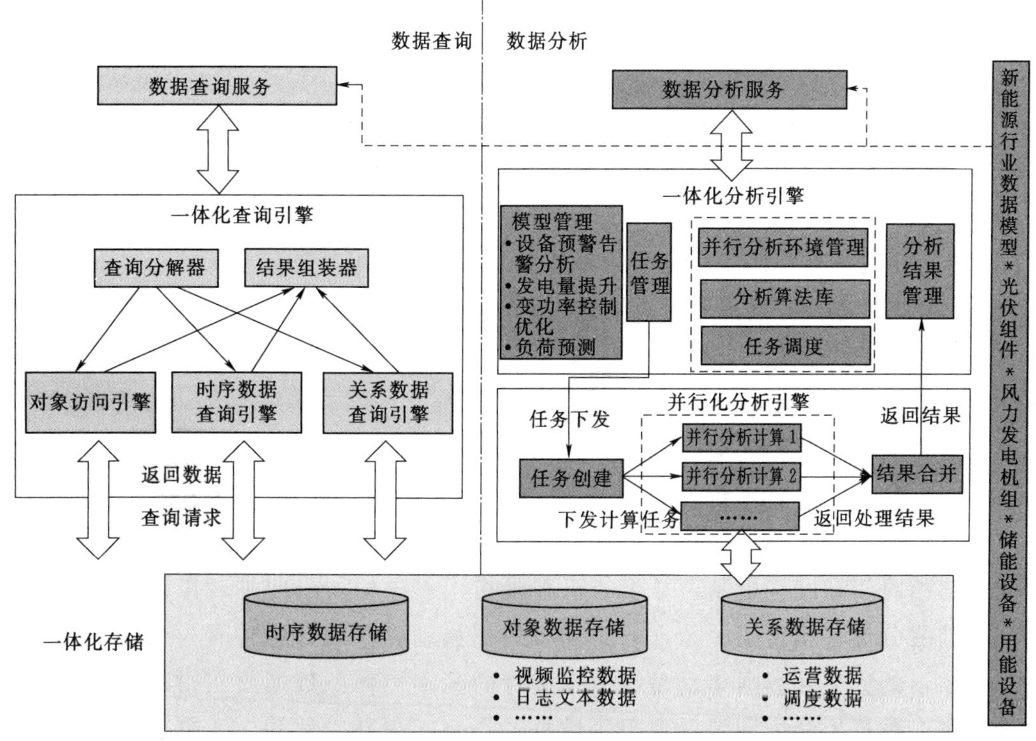

图 3-12 数据访问服务架构图

业进行分解，形成并行化分析计算子任务，将子任务下发到计算节点，进行大数据计算处理，并返回计算处理结果。

3）结果合并。利用并行化分析引擎对各子任务返回的计算处理结果进行合并操作，形成最终的分析结果。

4）分析结果管理。对最终的分析结果进行管理，提供下载服务。

5. *数据分析服务接口*

数据分析服务接口主要包括统一数据访问接口、数据分析接口、流数据分析接口、数据模型库访问接口。

（1）统一数据访问接口：提供统一的访问接口，允许用户通过大数据管理平台为大数据分析应用提供数据访问服务。数据访问服务内容包括结构化数据访问服务、非结构化数据访问服务、时序数据访问服务。

（2）数据分析接口：提供用户数据模型上传、模型运行、模型运行结果访问服务。

（3）流数据分析接口：利用可热插拔的方式按需集成不同的实时分析算法。同时内置清洁能源领域常用的查询功能，直接实现相关语义的数据监控。

（4）数据模型库访问接口：提供数据模型的上传、保存、管理、运行等功能。

6. 数据工具

数据工具主要包括数据模型管理、数据集成、数据生命周期管理、数据质量管理、数据画像、数据可视化。

（1）数据模型管理。数据模型是数据存储、使用的基础，平台为所有的服务和组件提供统一的模型视图。模型管理工具帮助平台用户便捷地创建、修改、删除、查询相关清洁能源数据模型，并且可以跟踪、记录、发现数据的模型变更，降低用户在数据分析过程中数据整理的难度，为数据的标准化工作奠定基础。

（2）数据集成。数据集成可以有效应对多数据类型与多种不同数据源带来的集成问题。面向业务数据接入，有效应对数据缺失、数据类型不匹配、数据异常等问题；面向对象数据接入，有效应对文件数据不完整、大文件网络传输不连续等问题；面向时序数据接入，有效应对时序数据重发、数据重复、异常值等问题。

（3）数据生命周期管理。数据生命周期管理提供数据集下载、分类移动、编辑、删除、添加新的分类和数据集功能，并且允许用户根据需求对不同的数据指定不同的归档时间和归档机制。数据集下载是指用户根据需求向平台申请数据并进行下载。数据分类移动指按照数据的类别将数据移动到不同存储位置。数据编辑、删除、添加新的分类和数据集都是对数据进行的基本操作。数据归档指对数据进行整理和收集。数据生命周期管理覆盖了数据的产生、更新、移动、变更、归档等全部过程。

（4）数据质量管理。数据质量管理面向由测量失误、环境干扰、传输遗漏等各种原因造成的质量问题，辅以数据分析人员进行的数据整理和清洗，避免“垃圾进，垃圾出”。

1）数据质量评估。从数据的取值范围、分布、缺失等多个维度，自动对数据质量进行评估，用可视化界面向用户直观展示数据的质量状况和主要问题。

2）数据质量修复。内置多种常用数据修复方法，允许数据分析人员根据自身实际的业务需求，选择合适的数据修复方法，提升数据质量。

（5）数据画像。数据画像向数据分析师展示包括统计信息、分布信息在内的多个维度的数据信息，帮助分析人员快速理解海量原始数据的特点，掌握原始数据全貌，为下一步的数据质量修复，数据特征探索、提取打下基础。

1）全量数据统计。全量数据统计使用户对全部海量数据有一个全面的统一的了解和认识。

2）多维度呈现。多维度呈现从数据的最大值、最小值、平均值、方差、分布等多个角度，对数据的综合特征进行全面的展示。

（6）数据可视化。图形化的交互式数据探索和数据特征可视化能够在不同维度更加直观地展示数据，可以使平台的管理人员更容易了解到存储在大数据分析管理平台中的清洁能源数据基本情况，同时也大大降低数据分析人员数据特征探索的难度。配合内置丰富的机器型数据模式深度学习算法、特征自动提取算法，使得数据分析师可以很快地从海量时序数据中发现并提取数据特征，并据此做出专业精准的模型。

7. 系统运维

系统运维功能设计图如图 3-13 所示，每个功能层都有各自的作用。

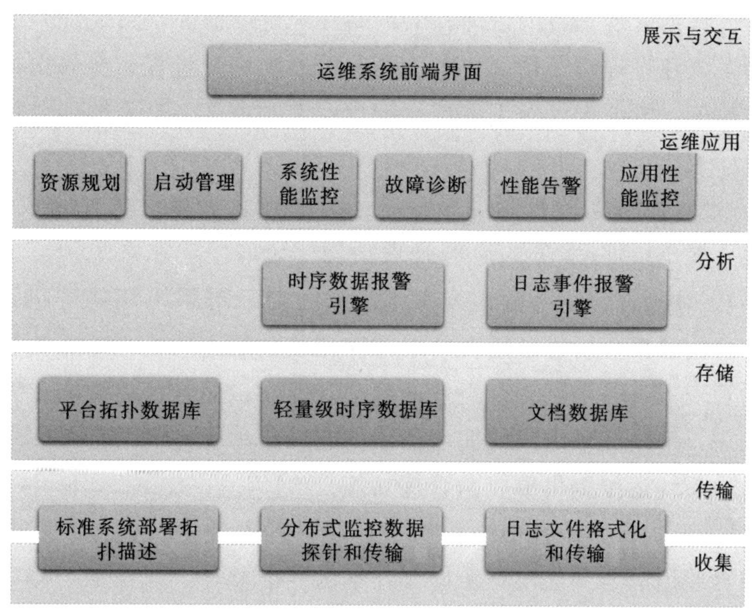

图 3-13　系统运维功能设计图

（1）收集与传输层，具体如下：

1）标准系统部署拓扑描述，对清洁能源数据创新平台的各功能组件和服务节点的部署拓扑信息进行同步采集。

2）分布式监控数据探针和传输，通过运行探针的部署，对各分布式功能组件的运行状态进行实时监控采集。

3）日志文件格式化和传输，对各分布式功能组件运行时产生的日志进行处理收集。

（2）存储层，基于平台拓扑数据库、轻量级时序数据库、文档数据库将各类运维数据进行高效存储，保障数据安全、不丢失。

（3）分析层，具体如下：

1）时序数据报警引擎，对采集的组件运行监控数据以及拓扑数据进行实时分析，及时发现组件运行状态异常，并向上层发出报警。

2）日志事件报警引擎，对运维系统收集的各类型、各级别日志记录进行实时分析，对存在问题的情况进行识别，并向上层发出报警。

（4）运维应用层，具体如下：

1）资源规划。资源规划提供资源规划功能，允许用户根据平台现有数据资源的接入存储情况、数据分析使用情况、资源分配和消耗情况，再结合清洁能源未来业务的支撑计划、增量数据和新数据资源的接入量等因素，对现有资源进行合理规划，并按需确定硬件、软件、网络等资源。资源规划的意义在于：①合理规划资源，节省成本，充分发挥大数据管理平台的潜力；②根据资源使用情况预见性地判断未来业务的发展情况，为系统建设提供可信的方案；③有效控制建设过程，全局把握项目建设范围，做到有的放矢。资源设计对于系统运维具有重要意义，是大数据分析管理平台的重要功能。

2）启动管理。大数据分析管理平台是由多种组件、多种模块组成的复杂系统，平台为系统运维提供组件/服务的启停管理功能，允许用户在系统例行维护、计划内停机（如迁移）、计划外停机（停电）等情况发生时，对系统及其组件、模块进行启动和停止操作。大数据分析管理平台的组件存在复杂的逻辑管理，启动和关闭顺序非常重要。启动管理不仅关系到系统组件的启动和停止，而且可以智能化管理各个组件之间的先后顺序，解决组件之间的前后依赖问题。启动管理的目标是实现组件或模块的智能启停，为系统运维提供重要的管理功能。

3）系统性能监控。系统性能监控对平台整体的性能进行监控，获取综合性能指标，同时对平台使用的各种底层资源提供详细的性能监控，以保障上层应用能够持续调用系统服务；保障底层数据接入；能够将数据接入大数据分析管理平台。这些性能指标不仅能用来评估当前系统的运行状况，还能为资源规划以及性能告警提供数据源。

监控系统的作用是持续收集整个大数据系统，包括管理平台和分析支撑系统的运行状况，帮助运维人员快速定位系统问题，进行性能分析优化，保证系统7天×24h稳定运行。

4）故障诊断。当大数据管理分析平台出现故障时，故障诊断功能在第一时间告知运维人员，发现并定位故障，帮助介入的修复系统或管理人员及时修复故障，尽量避免故障导致的系统长时间宕机。故障诊断功能可以提高系统的可用性，及时发现系统故障，能够尽快根据故障类型确定解决方案，减少系统损失。故障诊断的意义不仅仅在于及时发现问题，更重要的是收集故障出现频次，利用大数据分析手段，为系统做故障画像。

5）性能告警。在大数据分析管理平台运行过程中，需要对一些关键性能指标设定预警阀值，以避免长期处于非健康运行状态导致系统宕机。当性能指标超过预警阀值时，产生相应的系统或应用告警。这些告警可以由其他系统介入或平台管理人员介入处理，通过相应的方法调整系统资源，使系统处于正常运行状态。

对于每一个报警，设计一个唯一的报警代码与之对应。规范的报警代码有助于运维人员快速识别报警的源头、原因、严重等级等信息。

6）应用性能监控。应用性能监控是对各应用组件的运行指标进行实时监控，为资源设计和性能告警提供数据源。主要的监控数据是应用组件的健康状态（黑盒检查），为布尔值。健康状态可以帮助运维人员快速定位问题应用组件从而进行更详细的系统纠错。此功能为每个应用组件设计一个相应的系统检查例程，形式可以为 API 或者检查脚本。

（5）展示与交互层。平台提供运维系统前端界面，系统运维人员可通过前端界面实时掌握平台运行状态，对平台各类组件服务进行健康管理，在发生故障时快速恢复平台。

8. 逻辑分区设计

大数据分析管理平台逻辑分区设计主要包括数据接入和收集区、实时分析区、分布式存储分析区、备份区、服务与管理区，逻辑分区设计图如图 3-14 所示。

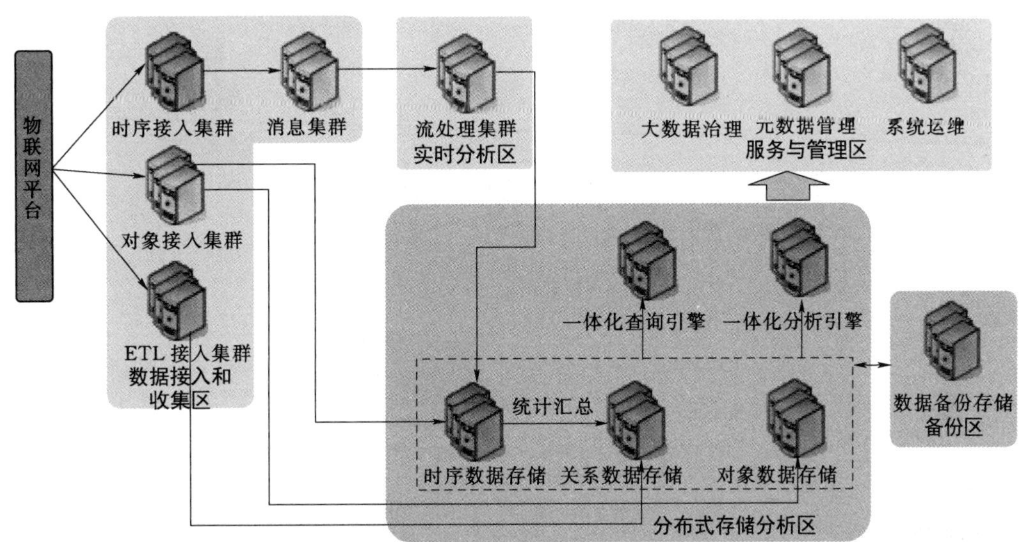

图 3-14 逻辑分区设计图

（1）数据接入和收集区。此区负责从物联网平台接收实时或批量传输过来的各类型清洁能源数据，主要包括 ETL 接入集群、对象接入集群、时序接入集群、消息集群，其中 ETL 接入集群负责业务数据的接收，对象接入集群负责非结构化数据的接收，时序接入集群与消息集群负责时序数据的接收。

（2）实时分析区。此区负责时序数据的实时分析，由流处理集群构成，基于流计算实现高吞吐消息数据的接收及实时处理。

（3）分布式存储分析区。此区负责关系数据、对象数据、时序数据的一体化存储，并提供一体化查询与分析服务，主要包括时序数据存储、关系数据存储、对象数据存储、一体化查询引擎、一体化分析引擎。其中时序数据存储负责时序数据的存储，关系数据存储负责业务数据与时序统计数据的存储，对象数据存储负责对象数据的存储，一体化查询引擎基于元数据实现各类异构数据的关联查询，一体化分析引擎基于元数据实现分析模型应用底层各类异构数据的并行化分析。

（4）备份区。此区负责按备份策略实现时序数据存储、关系数据存储、对象数据存储的数据备份，当分布式存储分析区发生事故时，实现数据恢复，保障平台数据可靠性。

（5）服务与管理区。此区负责提供平台管理应用服务，包括大数据治理、元数据管理、系统运维。其中大数据治理提供数据质量检查服务，元数据管理提供各类异构数据的元数据信息管理服务，系统运维可以实现提供平台用户权限、用户使用痕迹等基础功能。

3.1.2.3 运营平台技术架构

运营平台技术架构图如图3-15所示。

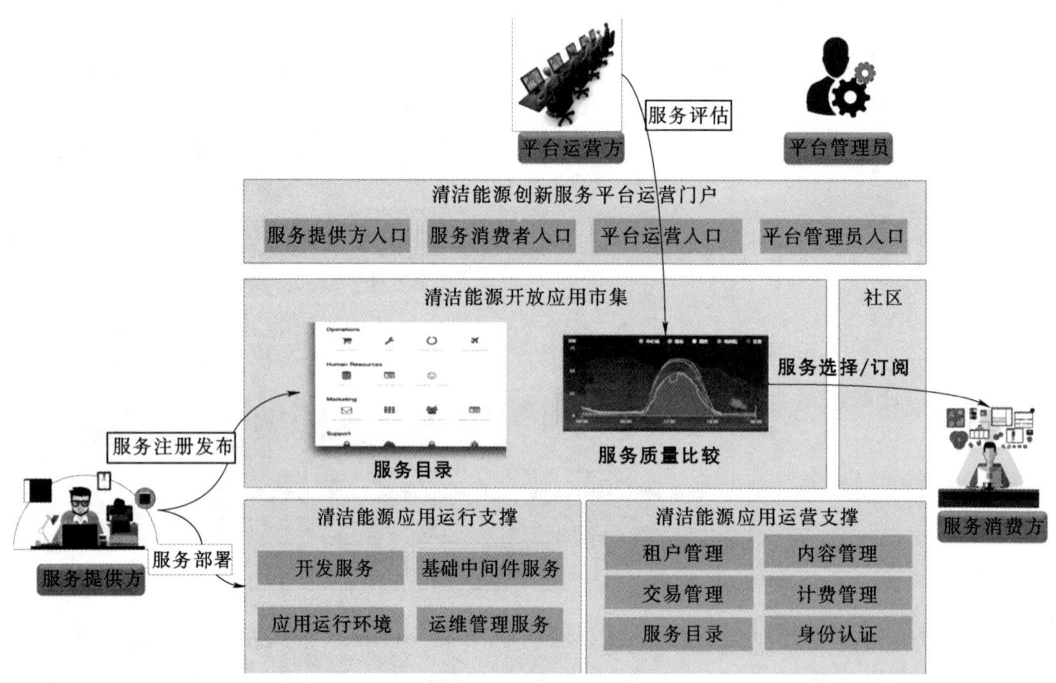

图3-15 运营平台技术架构图

图3-15中，运营平台通过清洁能源应用运行支撑服务提供友好易用的应用/服务安装部署环境，通过运行环境、基础中间件服务、大数据服务等支持数据应用的部署上线；提供运营支撑系统，通过服务目录、交易管理、计费管理等服务，支持开放应用市集并以开放竞争的方式对外服务；提供运营门户作为服务提供方、服务消费方、运营管理等用户的统一入口，打造业务聚集地。其中，涉及应用运行支撑服务、

应用开发上架和应用订阅使用三个方面。

1. 应用运行支撑服务

应用运行支撑环境底层采用云计算平台提供计算虚拟化、存储虚拟化、网络虚拟化功能。从开发服务支撑、应用管理和资源管理几个方面，支持创新服务应用在平台上的部署上线，应用运行支撑系统技术架构图如图 3-16 所示。

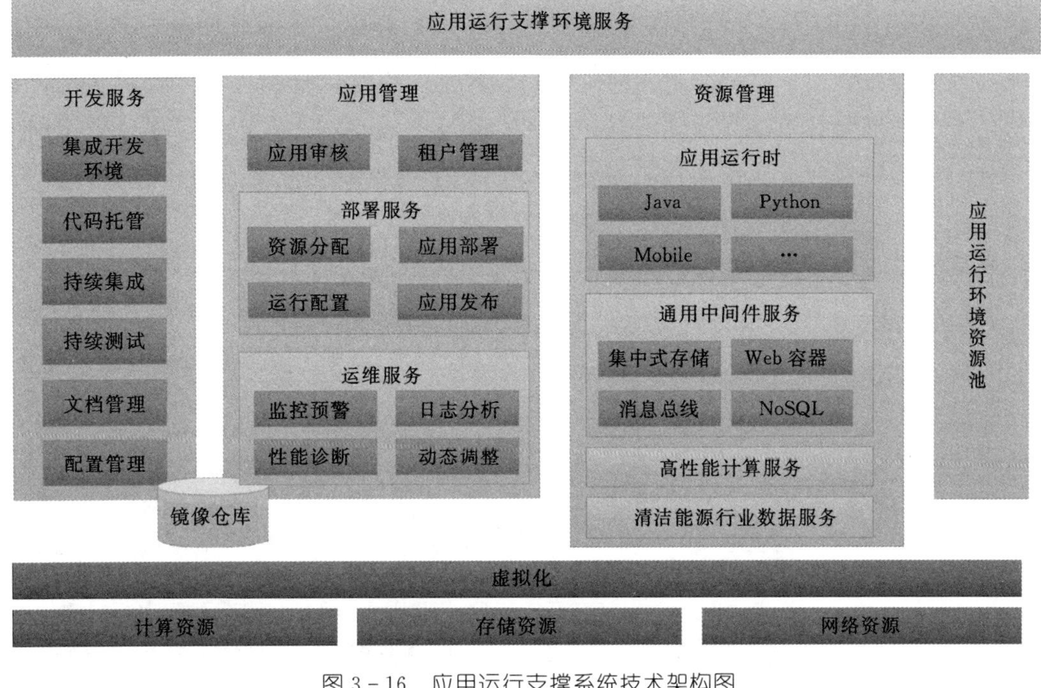

图 3-16　应用运行支撑系统技术架构图

在应用运行支撑服务中主要开展开发服务、应用管理、资源管理等工作。具体如下：

（1）开发服务。开发服务为有应用开发或者移植需求的用户提供应用集成开发环境，允许用户在线上编写代码或者对代码进行修改，支持的主流开发语言包括但不限于 Java、Python 等。提供代码托管环境，允许用户在线管理所开发的代码，并通过在线持续集成和测试功能封装打包成可部署的镜像，存储在镜像仓库中，并对系统的文档和配置进行管理。

（2）应用管理。应用管理对平台上应用的全生命周期进行管理，包括应用部署前的审核，审核信息包括内容、业务价值、所需资源（包括数据资源、计算资源等）。对于通过审核的应用，调用资源管理进行平台资源的分配，进行应用部署并将应用发布到服务目录上。对于运行中的应用，对应用的运行状态进行监控，收集日志，根据监控数据和日志数据对应用运行故障进行诊断并及时修复。

运营平台主要包括应用发布上架、应用订阅使用两个核心应用流程。

（3）资源管理。资源管理为创新服务应用提供运行的执行环境，通过云平台提供计算资源、存储资源和网络资源，提供应用运行所需的操作系统、中间件、高性能计算服务和行业数据服务，保证应用的落地部署。

2. 应用开发上架

应用开发上架主要面向服务提供方提供的应用开发、部署、注册等功能，打造清洁能源服务上架开发应用市集。

服务提供方向平台提出应用开发申请，申请通过审核后，应用镜像仓库向应用运行支撑环境提出资源、服务、数据的实例化请求。应用运行支撑环境接收到实例化请求后，基于虚拟化技术建立应用实例并注册，开发完成实例并运行后，通过应用网关安全地对外提供服务。应用实例稳定运行后，发布注册到运营支撑架构的服务目录，服务对外展示。

应用开发上架步骤图如图3－17所示。

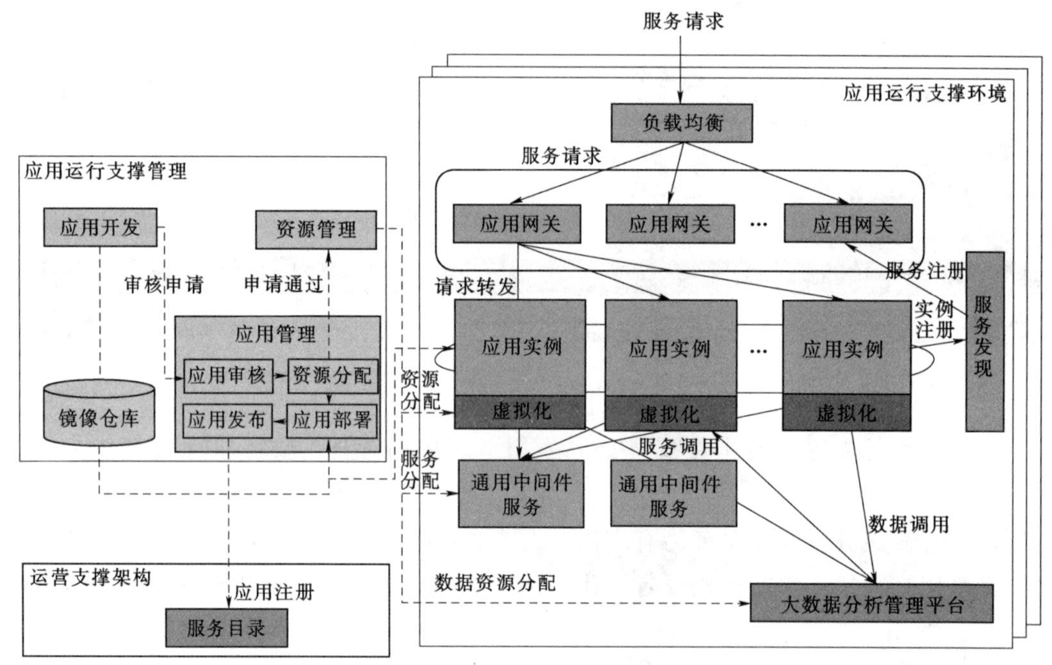

图3－17 应用开发上架步骤图

3. 应用订阅使用

应用订阅使用主要面向服务需求方提供应用查询、订阅、使用、付费等功能，实现清洁能源服务应用。

服务需求方从服务目录中查询、比对所需服务，并向平台提出订阅申请。

平台接收到订阅申请后，对订单进行审核，审核通过后开通服务，服务需求方可使用平台提供的清洁能源服务。

平台对服务应用进行监控：一方面面向系统，监控服务状态，当服务出现问题时生成维修工单；另一方面面向服务需求方，对服务从资源、时长等维度进行计量，并产生使用费用。

应用订阅使用步骤图如图 3-18 所示。

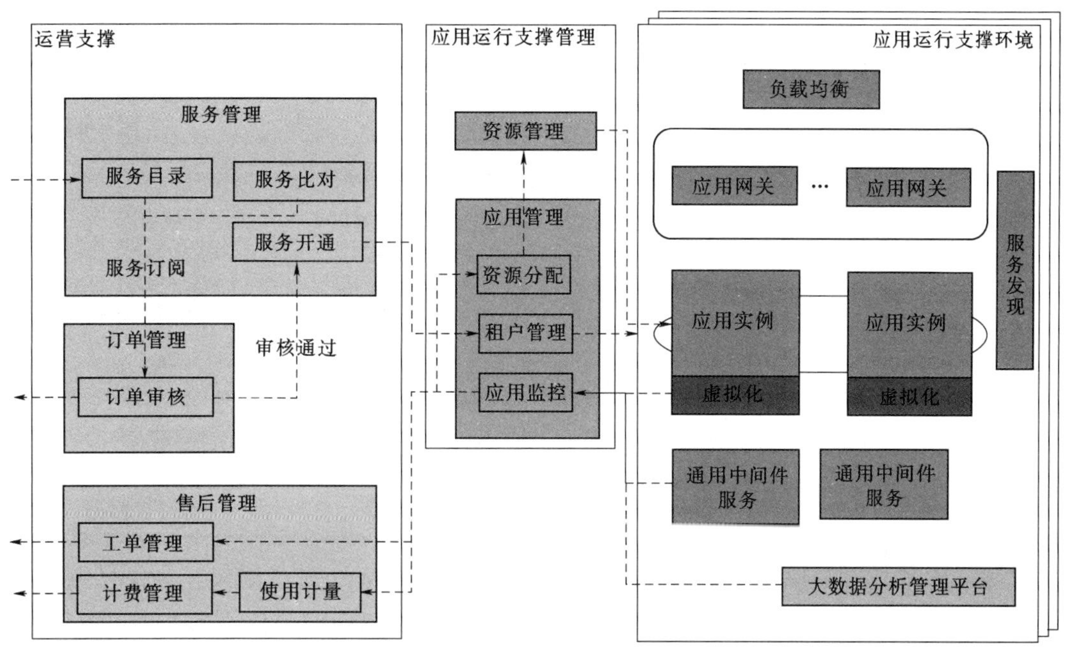

图 3-18 应用订阅使用步骤图

3.1.2.4 互联网平台技术架构

互联网平台技术架构图如图 3-19 所示。

根据电网的安全防护要求，互联网区禁止存放数据，当有需要的时候，通过强隔离向大数据分析管理平台获取所需数据。

互联网区提供的主要有移动服务、下一代探索验证平台服务等功能。

移动服务支持微信、移动 APP（支持安卓与 iOS 操作系统）以及 PC 端访问。提供安全服务、应用服务、通用服务、数据代理服务四大服务功能集。

(1) 安全服务提供移动端授权验证服务，包括权限验证和数据加解密服务。权限验证根据用户的用户名/密码或者推送短信验证码到已注册手机等其他有效手段，进行用户的身份验证；根据系统授权信息对已登录用户提供相应的服务访问权限。数据加解密功能为可选功能。

(2) 应用服务提供常用的业务功能，包括气象安全、实时监测、设备预警、资产管理等功能。其主要包括以下服务：

1) 气象安全服务，主要是帮助用户在风电场作业过程中提前知道恶劣天气和自

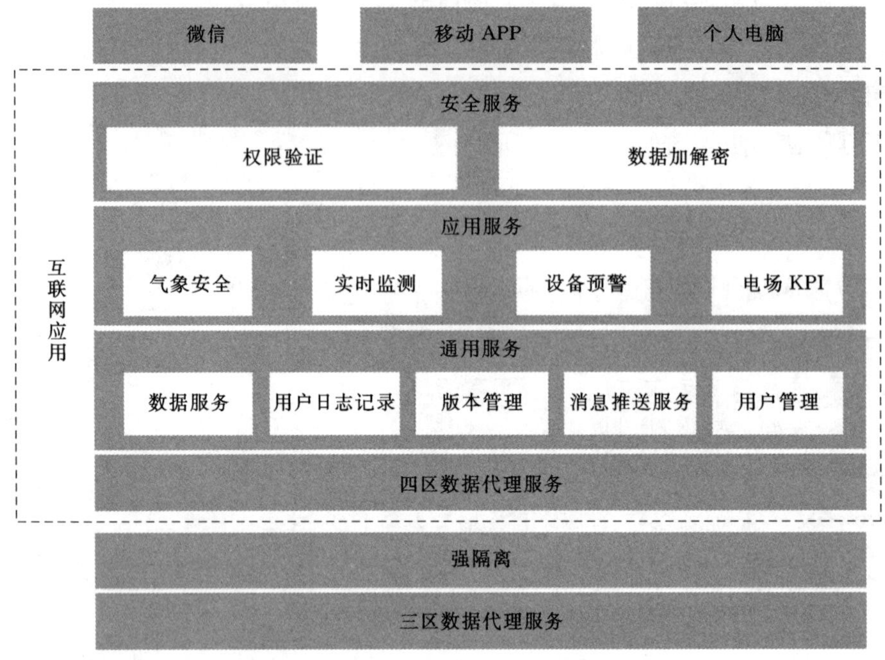

图 3-19　互联网平台技术架构图

然灾害，以此做好相应防范措施，避免人员、设备的损坏和财产损失。提供风电场未来 0～7 天的气象预报，包含常规预报、气象预警以及逐小时风速预报，提供安全出行窗口，用于项目现场运维活动的时间安排。

2）实时监测服务，依据采集的风电场（光伏电站）运行数据，提供远程风电场（光伏电站）运行监视服务，实时显示风电场（光伏电站）的运行数据，提供运营和维护活动的参考和依据。

3）设备预警服务，依据风电场（光伏电站）运行数据，结合风电场（光伏电站）运行与处理经验，通过大数据分析管理平台数据运算及人工智能算法分析，发现风电机组（光伏模块）性能隐患、常规隐患、重大部件隐患等，告知客户，提供通用处理指导建议和人工技术专家支持，定期提供预警月报和年报。

4）电站 KPI 服务，提供通过手持端及时了解电站指标情况的服务。其主要功能为指标及其健康情况的呈现，展示与公司、电站经营相关的指标，便于不同管理角色了解经营 KPI 指标。KPI 提供风电场（光伏电站）运营评估标准，通过各种数据指标全面反映整个电站的运营状况。

（3）通用服务提供应用服务业务支撑所需的通用功能，包括数据服务、用户日志记录、版本管理、消息推送服务、用户管理等功能。

1）数据服务对应用业务提供数据支撑，根据应用服务的需求提供相应的数据。业务数据可通过互联网区代理服务从大数据分析管理平台获取。

2）用户日志记录主要记录用户的行为，作为后续给用户提供有针对性服务的依据。

3）版本管理提供移动 APP 的版本管理，支持移动端版本升级信息推送、版本强制升级等功能。

4）消息推送服务根据配置为需要的用户提供告警、经营指标、报表、系统运维信息、版本升级信息等服务。支持的推送手段为短信、微信、APP 消息等。

5）用户管理主要是在服务端进行用户授权的管理。

（4）数据代理服务提供对强隔离数据的穿透服务，负责将互联网区的气象服务文件推送到大数据分析管理平台；根据移动端的需求，获取大数据分析管理平台的数据，供应用服务处理并显示使用。

3.1.3 核心平台非功能架构设计

3.1.3.1 安全性架构设计

1. 安全防护体系建设

安全防护体系依照电力监控系统安全防护规定，以“安全分区、网络专用、横向隔离、纵向认证”为总体原则，抵御黑客、病毒、恶意代码等各种形式的恶意破坏和攻击，实现大数据创新服务平台的安全态势感知，保障清洁能源大数据创新服务平台的安全稳定运行。安全体系建设主要参考如下法律法规和行业标准：

（1）《中华人民共和国网络安全法》。

（2）《中华人民共和国计算机信息系统安全保护条例》（国务院令第 147 号）。

（3）《计算机信息网络国际联网安全保护管理办法》（公安部令第 33 号）

（4）《信息安全等级保护管理办法》（公通字〔2007〕43 号）。

（5）《计算机信息系统安全保护等级划分准则》（GB 17859—1999）。

（6）《计算机病毒防治管理办法》（公安部令第 51 号）。

（7）《电力监控系统安全防护规定》（发改委第 14 号令）。

（8）《关于加强工业控制系统信息安全管理的通知》（工信部协〔2011〕451 号）。

按照信息安全等级保护管理办法以及国网数据安全管理相关标准，建立清洁能源行业数据安全等级划分方法，并制定各安全等级的数据安全防护机制和策略。

安全防护体系主要由总体安全策略、安全防护技术和安全防护管理三部分组成。安全防护体系如图 3-20 所示。

（1）总体安全策略。面向清洁能源大数据应用需求建立总体安全策略，如基于身份的安全策略、基于角色的安全策略、基于规则的安全策略等，保障系统能够抵御黑客、病毒、恶意代码等各种形式的恶意破坏和攻击，实现大数据创新服务平台的安全态势感知，保障清洁能源大数据创新服务平台的安全稳定运行。

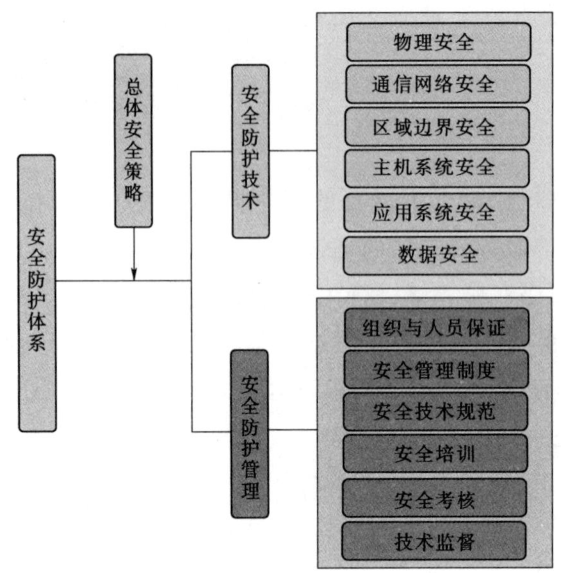

图3-20　安全防护体系

（2）安全防护技术。

1）物理安全：从安全技术设施和安全技术措施两方面对信息系统涉及的主机房、辅助机房和办公环境等进行物理安全设计。

2）通信网络安全：对信息系统涉及的通信网络，包括骨干网络、城域网络和其他通信网络（租用线路）等进行安全设计。

3）区域边界安全：对信息系统所涉及的区域网络边界进行安全设计，涉及所需采用的安全技术机制或安全技术措施。

4）主机系统安全：对信息系统涉及的服务器和工作站进行系统安全设计。

5）应用系统安全：对信息系统涉及的应用系统软件（含应用/中间件平台）进行安全设计。

6）数据安全：对信息系统涉及的数据及算法模型进行安全设计。

（3）安全防护管理。面向系统运维及应用人员，建立完整的安全防护管理制度与手段保障体系，包括组织与人员保证、安全管理制度、安全技术规范、安全培训、安全考核、技术监督等。

2. 安全防护体系技术架构

安全防护体系技术架构图如图3-21所示。

安全防护体系技术架构主要功能层次如下：

（1）数据接入层。本层对于在接入路径中进行上传输的数据实施保护，如可以通过TCP-over-SSL来保证数据流和控制流通道的安全性，主要功能包括信道加密、接入认证、证书管理。

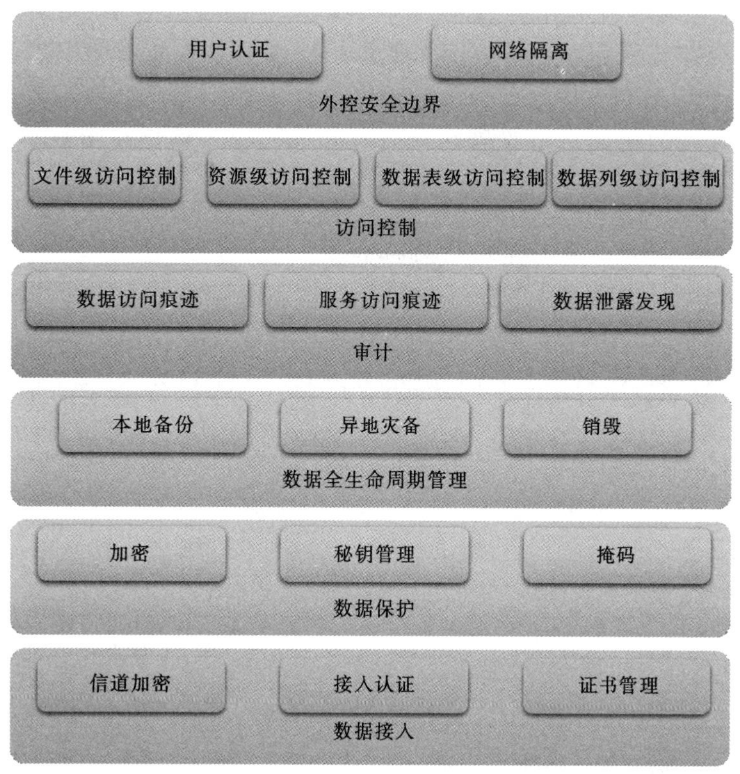

图 3-21　安全防护体系技术架构图

（2）数据保护层。本层对于存储在系统中的数据，包括计算过程中产生的临时文件、日志文件、元数据、秘钥本身，通过数据加解密的方式提供数据保护，主要功能包括加密、秘钥管理、掩码。

（3）数据全生命周期管理层。本层针对信息系统的业务数据安全和系统服务连续性进行设计。定义数据的产生、存储、备份、恢复等密钥管理生命周期，主要功能包括本地备份、异地灾备、销毁。

（4）审计层。大数据分析管理平台的审计主要是数据和服务被访问痕迹的追踪。审计主要是通过对访问痕迹的追踪来判断用户对于数据的操作和服务的访问是否合规，主要功能包括数据访问痕迹、服务访问痕迹、数据泄露发现。

（5）访问控制层。访问控制是用户被赋予的对各数据、资源和服务访问的级别，没有相应级别的用户不可以访问数据或者服务，主要功能包括文件级访问控制、资源级访问控制、数据表级访问控制、数据列级访问控制。

（6）外控安全边界层。本层保证只有合法的用户才能登录和管理系统，当用户登录平台后需要划分不同的角色，每种角色只能进行相关的数据管理和系统管理操作，主要功能包括用户认证、网络隔离。

3. 安全防护体系架构

基于人工智能技术的安全态势感知平台，提供多维智能威胁识别引擎，动态感知域间、域内的全面安全状态，实现设施、承载数据、人以及操作安全要素的提炼和动态评估，实现对网络关键风险的预测和响应。安全防护体系架构图如图 3－22 所示。

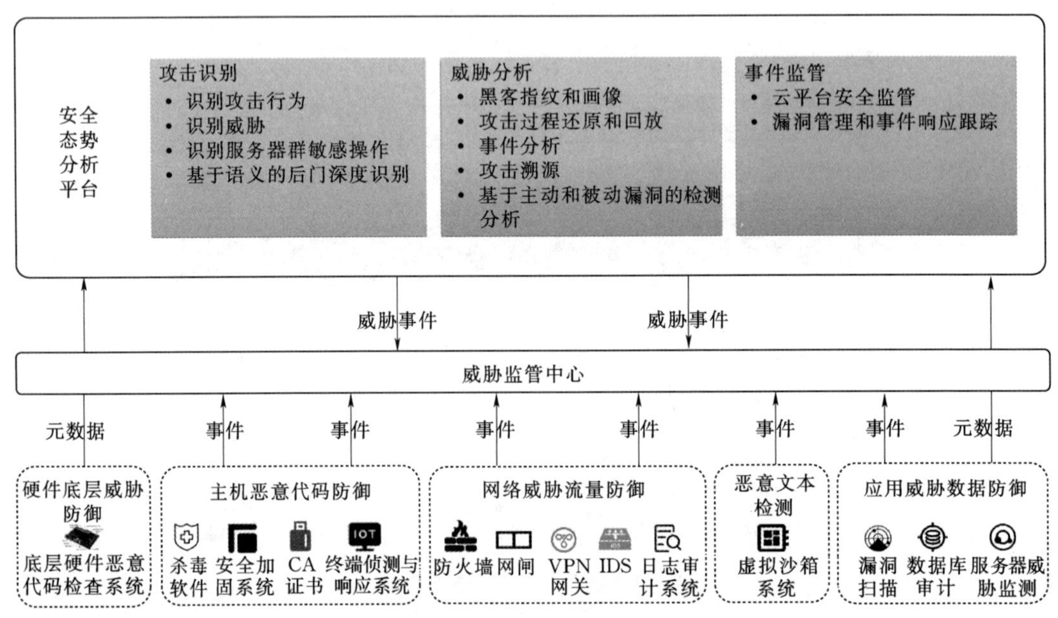

图 3－22　安全防护体系架构图

安全态势分析平台主要功能设计如下：

（1）攻击识别，包括识别攻击行为、识别威胁、识别服务器群敏感操作、基于语义的后门深度识别。

（2）威胁分析，主要包括黑客指纹和画像、攻击过程还原和回放、事件分析、攻击溯源、基于主动和被动漏洞的检测分析。

（3）事件监管，主要包括云平台安全监管、漏洞管理和事件响应跟踪。

3.1.3.2　可扩展性架构设计

平台可扩展性主要包括存储可扩展性、计算可扩展性、服务可扩展性、算法模型可扩展性、应用可扩展性。

（1）存储可扩展性：平台存储层采用集群部署，基于平台的统一存储管理能力，可动态为集群添加机器，以增加系统存储容量。

（2）计算可扩展性：平台存储层采用集群部署，基于平台的统一计算引擎，可动态为集群添加机器，以提升系统计算能力。

（3）服务可扩展性：平台采用微服务架构，各类存储、计算分析、管理等功能以服务的形式进行部署、管理、提供，确保平台高可扩展，服务能力可按需扩展。

（4）算法模型可扩展性：平台提供算法库、模型库统一管理，随着清洁能源创新服务生态的不断发展，算法模型可按需动态添加到平台中统一管理中。

（5）应用可扩展性：一方面，基于运营机制，服务提供方可在应用市集发布应用，实现应用规模扩大；另一方面，应用运行支撑环境底层采用云计算平台提供计算虚拟化、存储虚拟化、网络虚拟化能力，视集中应用的能力可按需扩展。

3.1.3.3 可靠性架构设计

平台部署整体采用微服务架构、集群部署等技术手段，以提高平台可靠性。基于微服务架构，可将各类存储、计算分析、管理等功能以服务的形式进行部署、管理、提供，服务互为备份，避免单点失效，提供服务高可靠性；基于集群部署，可使各类存储、计算分析、管理等功能在集群各机器上冗余部署，实现负载均衡、统一服务，一个节点失效时任务传递给其他节点，确保平台高可靠性。

同时，为确保平台的高可靠性，采用多重可靠冗余保障技术，主要有应用级冗余、设备级冗余、链路级冗余等。

（1）应用级冗余：主要包含应用系统高可用备份方式部署模式，当应用系统主服务器出现问题时可自动切换到应用系统备用服务器以保证应用系统稳定运行。

（2）设备级冗余：包含服务器、交换机以及路由器等热备冗余。

（3）链路级冗余：主要包含两条电力调度通信通道，两条通道互为备份，当其中一条通道出现问题时可由网络设备判断自动切换至另一条通道，保证通信链路畅通。

3.1.4 部署架构设计

3.1.4.1 网络通道整体架构

网络通道整体建设方案，基于“双平面＋分层＋分区”的原则开展。网络通道整体架构图如图 3-23 所示。

（1）双平面设计：场站端至大数据中心采用双路纵向贯通，形成场站端至大数据中心生产业务一平面和二平面两套独立的互备系统，实现数据双设备采集，双路传输，双路汇聚处理，确保数据采集和传输的可靠性。

（2）分层设计：场站至大数据中心分级接入，综合光缆资源、传输网拓扑、现有设备情况及运维管理要求，选择清洁能源汇聚站点新建光传输及网络设备形成汇聚节点，再通过共用的专线链路上联至大数据中心，提升传输通道利用率。

（3）分区设计：根据业务重要性和特性设立安全Ⅰ区、安全Ⅱ区、安全Ⅲ区及互联网区，并在各区域间采取有效的安全隔离措施，确保场站实时生产业务接入Ⅰ区，非实时生产业务接入Ⅱ区，管理业务接入Ⅲ区，满足《电力二次系统安全防护管理规定》（电监会 5 号令）。

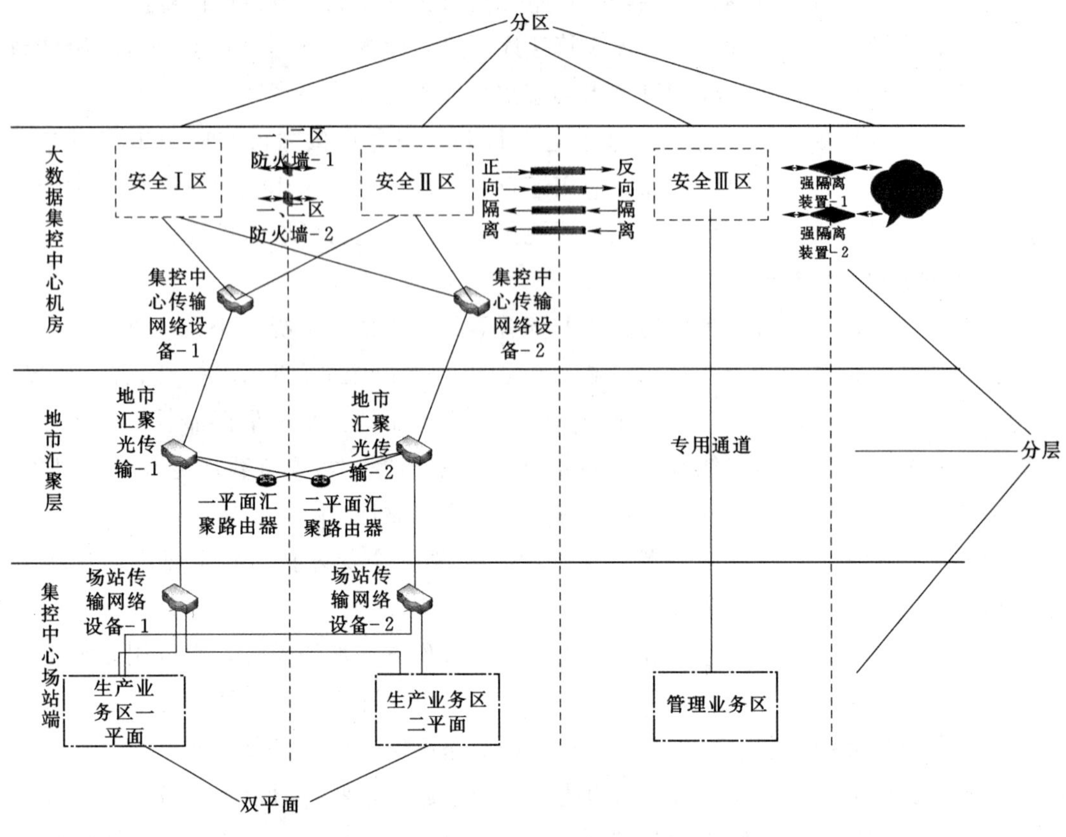

图 3-23　网络通道整体架构图

汇聚层架构图如图 3-24 所示。综合光缆资源、传输资源、现有设备情况及运维管理要求，选择地调 1～地调 n 作为汇聚层节点，建设双平面及汇聚所需的光传输、网络设备，通过 CPOS 板卡的互联实现各个站点的汇聚，再通过共用的专线链路上联至大数据中心。

3.1.4.2　安全Ⅰ区、Ⅱ区部署架构

安全Ⅰ区、Ⅱ区内服务器组按照功能分为前置服务器集群、数据转发服务器集群、监控服务器集群、管理服务器、数据代理服务器集群与功率预测服务器集群。安全Ⅰ区、Ⅱ区的负载均衡设备可以为服务器提供物理设备的负载服务与服务应用的负载服务，使用虚拟化、高可用性的动态资源分配、虚拟机迁移、容错等技术，最大程度保证虚拟化设备、系统的可靠与稳定，物理机和虚拟机两种技术结合实现安全Ⅰ区、Ⅱ区内服务器集群的安全、稳定与高可用性。

网络链路采用双平面设计，保证通信链路与网络设备的冗余，最大限度预防由网络设备故障引发的通信链路中断问题。安全Ⅰ区、Ⅱ区部署架构图如图 3-25 所示。

安全Ⅱ区与其他区数据流关系图如图 3-26 所示。安全Ⅱ区的主要功能是部署功

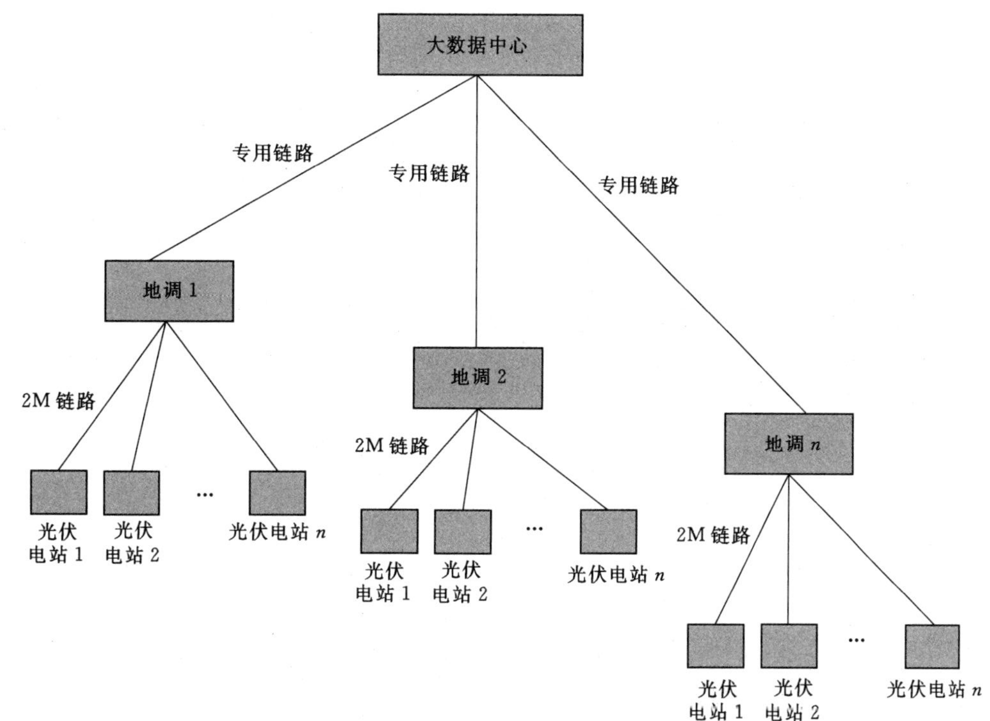

图 3-24　汇聚层架构图

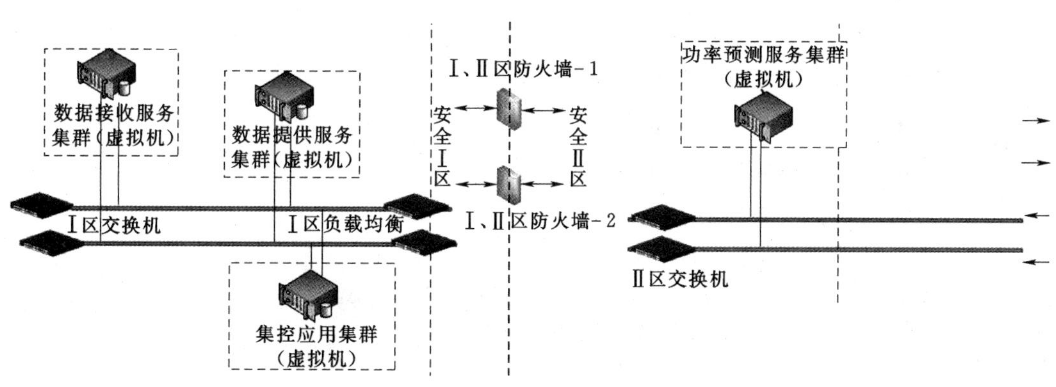

图 3-25　安全Ⅰ区、Ⅱ区部署架构图

率预测数据服务来解决安全Ⅰ区、安全Ⅲ区、调度预测数据上报平台的数据交换问题。该服务主要包括气象站数据转发、超短期上报、短期上报、日志管理、正向数据代理、反向数据代理等。

正向数据代理功能提供从安全Ⅱ区到安全Ⅲ区的数据单向转发服务。通过正向隔离把安全Ⅰ区、安全Ⅱ区的数据转发至安全Ⅲ区。

反向数据代理功能提供从安全Ⅲ区到安全Ⅱ区的数据单向转发服务。通过反向隔离把安全Ⅲ区的数据转发到安全Ⅱ区。

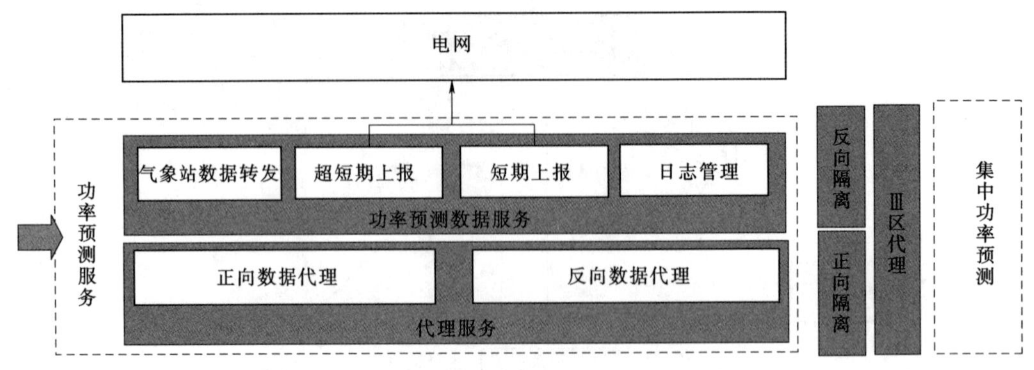

图3-26 安全Ⅱ区与其他区数据流关系图

气象站数据转发主要是把气象站的数据通过正向隔离装置发送给安全Ⅲ区以供集中功率预测使用；超短期上报是把反向数据代理获取的超短期功率预测结果定期上报给调度；短期上报是把反向数据代理获取的短期功率预测结果定期上报给调度；日志管理收集并记录上报情况及调度收到的反馈信息，并把这些记录通过正向数据代理传回集中功率预测服务，供集中功率预测服务的上报状态显示和上报率计算。

3.1.4.3 安全Ⅲ区部署架构

安全Ⅲ区内服务器区的功能有数据接收与收集、数据流处理、分布式存储分析、应用服务、应用运行管理、应用运行环境、运营管理、集中式存储集群、超算集群。安全Ⅲ区通过正向隔离接收安全Ⅱ区传输过来的各类异构数据，实现一体化存储；通过强隔离接收安全Ⅳ区传送过来的互联网数据，并提供数据一体化查询与分析、集中式存储、高性能计算等服务。大数据平台部分采用物理服务器，运营平台部分采用虚拟化技术。安全Ⅲ区部署架构图如图3-27所示。

3.1.4.4 互联网区部署架构

互联网区内服务器组按照功能分为气象数据下载服务器组、强隔离设备代理服务器组、应用服务器组。互联网区的主要功能是下载气象数据，并且通过强隔离代理服务器转发至强隔离设备，然后传输至功率预测服务器区。互联网区接收安全Ⅲ区大数据平台的运算数据，通过应用服务器对外网用户提供移动应用展示。互联网区服务器组同样使用虚拟化技术与负载均衡设备相结合的方式，实现互联网内服务组的安全、稳定与高可用性。互联网区部署架构图如图3-28所示。

3.1.4.5 分区域部署架构

分区域部署架构图如图3-29所示。

分区域部署架构采用“1＋N”的模式，即1个中心平台＋N个区域分中心，其中中心平台集中存储各区域分中心上传的数据，区域分中心存储从场站端/服务现场端上传的数据。

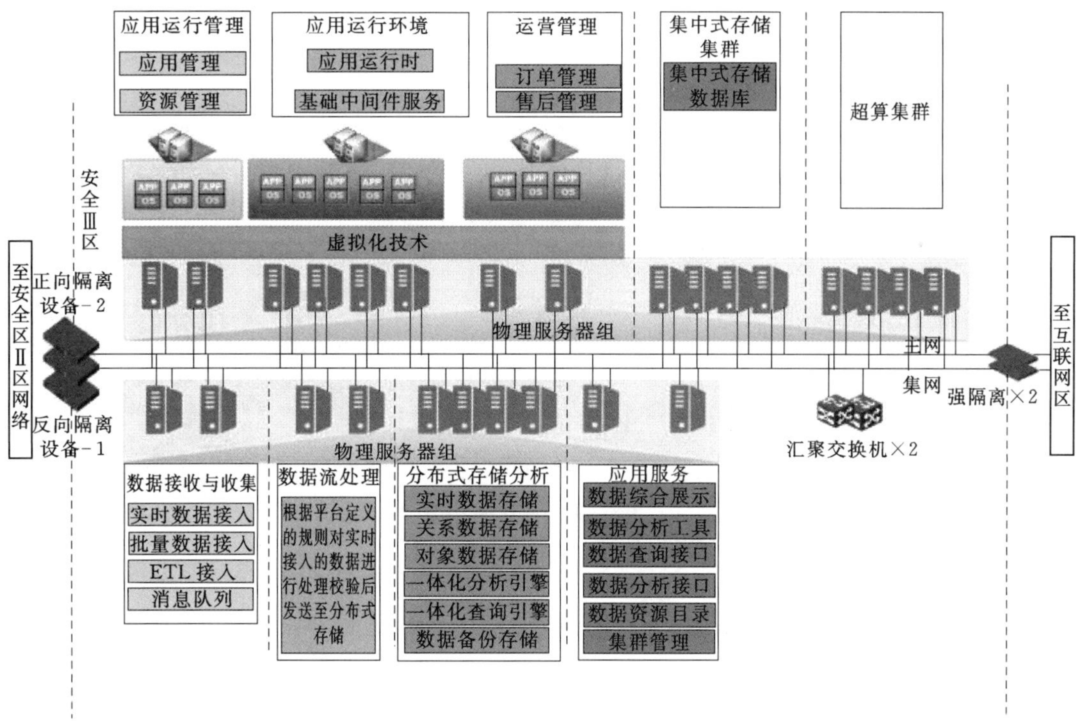

图 3-27　安全Ⅲ区部署架构图

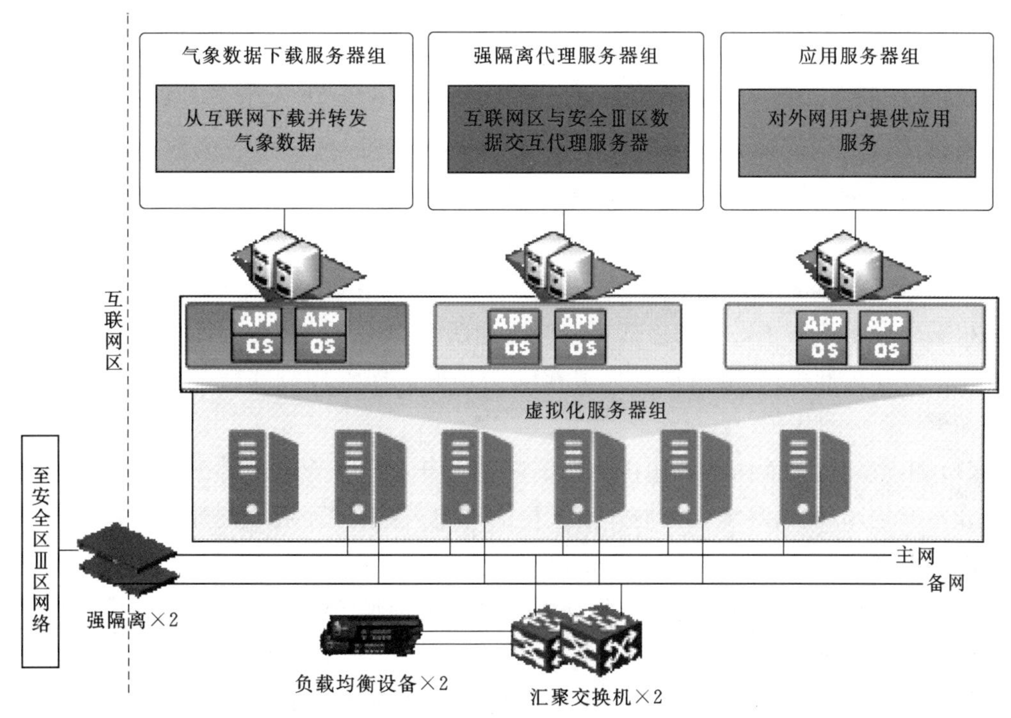

图 3-28　互联网区部署架构图

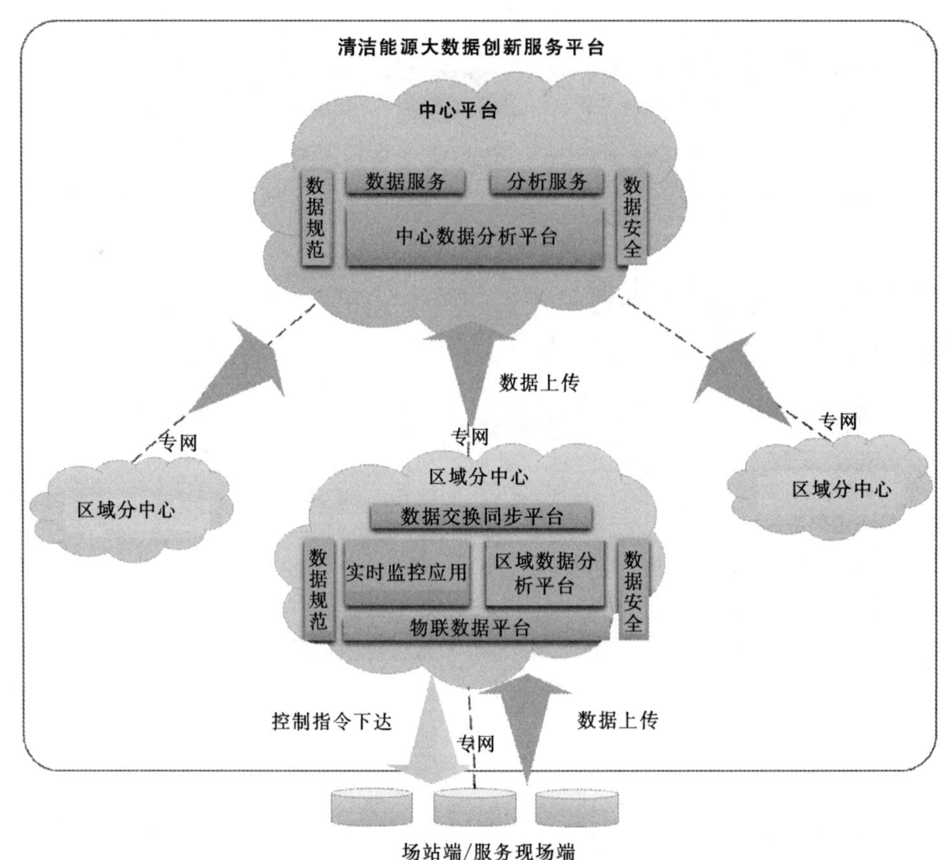

图3-29　分区域部署架构图

通过建设数据交换和集成平台，实现中心平台与区域分中心的数据集成，根据业务合规和时效性要求部署应用服务，提供全量同步上传数据、控制本地执行等功能。

3.1.4.6　分功能部署架构

根据平台运行需求，分功能部署架构图如图3-30所示。

生产环境、准生产/测试环境部署在安全Ⅲ区，探索环境部署在互联网区，主要设计如下：

(1) 生产环境，面向终端用户的系统环境，负责部署生产应用、模型结果发布。

(2) 准生产/测试环境，面向开发人员的准生产/测试环境，负责生产数据应用测试、准模型评价验证。

(3) 探索环境，面向分析人员的探索环境，负责脱敏数据应用测试、模型评价比对、模型更新测试。

生产环境、准生产/测试环境、探索环境，三个功能环境通过平台之间的标准接口实现应用部署、数据流之间的流转，主要设计如下：

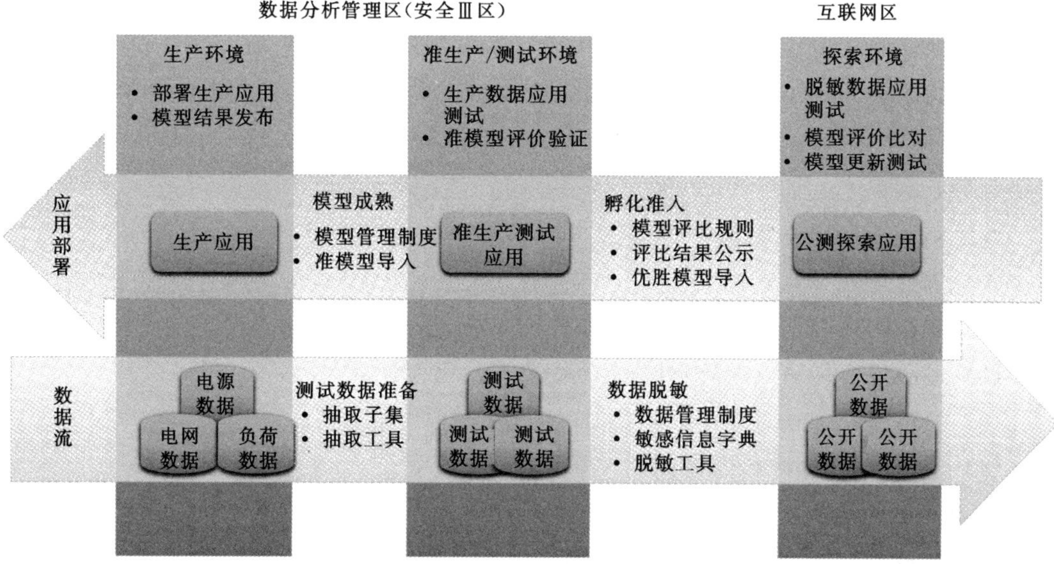

图 3-30　分功能部署架构图

（1）应用部署。应用部署是在探索环境开发的公测探索应用，通过模型评比规则、评比结果公示、优胜模型导入等孵化流程，进入准生产/测试环境，形成准生产测试应用。之后，通过模型管理制度、准模型导入等模型成熟度评估，进入生产环境，形成生产应用。

（2）数据流。生产环境作为数据流源头，提供电源数据、电网数据、负荷数据，测试人员可通过抽取工具将数据子集抽取到准生产/测试环境形成测试数据。同时，可基于数据管理制度应用数据脱密工具形成公开数据发布到探索环境，以供应用开发人员使用。

3.2　数据模型和标准技术

3.2.1　数据接入标准

数据接入是源、网、荷端中的源端，源端数据根据物联网平台数据接入功能通过数据采集设备实现接入。电站设备数据通过通信管理机（风电机组、光伏组件等）和远动装置（升压站、电表、AGC/AVC 等）接入并发送主站采集网关，主站采集网关将数据汇总后发送给主站前置。数据接入要求对各类设备接入的数据点表、接口类型、数据刷新频率、数据点名的命名规范做标准化约定，旨在通过数据标准接口规范数据接入，保证数据的高质量和高可用性以及上端应用和服务功能的完整性。

3.2.1.1 升压站数据接入

1. 接口类型

升压站数据从变电站远动网关机（或总控）设备接入，支持10M/100M网口通信。

2. 协议类型

升压站监控数据遵循IEC 60870－5－104规约。

3. 数据传输和刷新要求

（1）数据刷新周期小于3s，死区不大于3‰。

（2）遥测量变化越死区传送时间不大于4s。

（3）遥信变位传送时间不大于2s。

（4）遥控/遥调命令传送时间不大于3s。

4. 数据范围及要求

（1）开放系统所有的监测点和测控点，包括遥信点、遥测点、遥控点、遥调点、遥脉点。

1）遥信点：应提供遥信点号、遥信隶属设备、遥信点描述、遥信类型标识、遥信告警等级等。重要变位遥信应支持SOE信号。遥信点应包括所有一次设备的位置状态（断路器、隔离刀闸、接地刀闸等的位置）、二次设备的位置状态（保护软压板、重合闸软压板、备自投软压板、测控就地/远方切换把手等的位置）、设备动作信息（断路器机构动作信号、间隔事故信号、事故总信号灯状态）、设备告警信息等。

2）遥测点：应提供遥测点号、遥测隶属设备、遥测点描述、遥测类型标识以及遥测量的系数、单位、上下限等；遥测点应包括线路的有功功率、无功功率、电流、电压；变电压各侧有功功率、无功功率、电流、挡位；母联或旁路的有功功率、无功功率、电流；电容器和电抗器的无功功率、电流；变压器、电抗器的温度；站内交直流电源电压、电流；母线电压、频率；中性点电压、消弧线圈位移电压、零序电压等。线路、主变压器等一次设备的有功功率和无功功率参考方向以母线为参照对象，送出母线为正值，反之为负值。电容器、电抗器的无功功率参考方向以该一次设备为参照对象，送出该一次设备为正值，反之为负值。

3）遥控点：应提供遥控点号、遥控调度编号、遥控点描述、遥控类型标识、遥控模式等所有可控开关需要开放的遥控点信息。遥控点描述与馈线名称对应，描述应清晰；点表信息应包括断路器、刀闸分合闸情况，电容器、电抗器投切情况，软压板投退情况等。

4）遥调点：应提供主变压器挡位调节、功率调节信息。挡位调节中“升挡”和“降挡”共用1个遥控点，“急停”单独设置遥控点，应分别提供这些遥控点序号。

5）遥脉点：应提供升压站所有电能计量表的数据，至少包括集电线路电能表、主变高低压侧电能表、关口电能表，同时需提供遥脉点号，遥脉类型标识，遥脉量的系数、单位，遥脉点描述应与馈线名称对应，描述清晰。

（2）开放五防系统数据，应提供站内五防电气接线图、五防逻辑规则。若存在第三方独立五防，应提供第三方独立五防系统的外部通信接口和通信规约，便于五防系统可以与集控系统对接实现相应功能。

（3）开放远动装置与站内二次装置的通信链路状态，如“远动装置与××线保护装置通信异常”“远动装置与××线测控装置通信异常”等信息。

3.2.1.2 发电设备数据接入

1. 协议类型

发电设备接入应遵循的协议为 IEC60870－5－104 规约、Modbus－TCP 协议。

2. 数据刷新频率

数据刷新周期小于 3s。

3. 数据范围及要求

发电设备包括风电机组、逆变器、汇流箱等，需开放所有设备采集到的数据，主要有以下要求：

（1）风电机组。

1）开放风电机组运行数据，包括所有开关量、模拟量、控制量、告警量、故障量、遥脉量。

2）遥测、遥信点表需对开关量和模拟量进行归类。描述哪些点属于哪些系统，例如齿轮箱油温需备注属于齿轮箱。

3）开放风电机组状态信号，包括待机、并网、故障、检修、停机等所有风电机组状态。

4）开放风电机组控制信号，包括但不限于风电机组的启动、停止、复位、左偏航、右偏航、偏航停止、功率控制等常用控制信号。

5）开放风电机组状态信号，包括限电标志位、风电机组无通信标志位、理论有功功率。

6）开放风电机组告警信号，需要提供告警信号点表，此处的告警是风电机组不停机的告警或预警信号。

7）开放故障信号，需要提供风电机组完整的故障列表。

8）开放风电机组的其他运行信息，例如运行时间、发电小时数等。

（2）光伏设备。

1）开放汇流箱运行数据、逆变器运行数据、箱式变压器运行数据，包括所有开关量、模拟量、控制量、告警量、遥脉量。

2）开放逆变器状态信号，包括待机、并网、故障、无通信等所有状态。

3）开放逆变器控制功能，包括但不限于逆变器的启动、停机、复位、功率控制等常用控制功能。

4）开放逆变器告警信号。

5）开放故障信号，需提供完整的故障列表。

6）开放其他运行信息，例如运行时间、发电小时数等。

3.2.1.3 箱式变压器数据接入

1. 协议类型

箱式变压器数据接入应遵循的协议为IEC60870－5－104规约、Modbus－TCP协议。

2. 数据刷新频率

数据刷新周期小于3s。

3. 数据范围及要求

箱式变压器开放所有设备采集到的数据，主要有以下要求：

1）开放遥信量、遥测量、遥控量、告警信号。

2）开放高电压侧的遥测、遥信量、告警信号以及高低压侧的控制功能。

3.2.1.4 自动发电控制（AGC）系统数据接入

1. 协议类型

AGC系统数据接入应遵循的协议为IEC 60870－5－104规约、Modbus－TCP协议。

2. 数据刷新频率

数据刷新周期小于1s，死区不大于3‰。

3. 数据范围及要求

AGC系统需开放所有设备采集到的数据，主要有以下要求：

1）开放遥信量、遥测量、遥控量、告警信号。

2）开放AGC系统收到的电网有功控制指令。

3）开放AGC系统上传的调度数据。

4）开放AGC系统实际控制效果曲线数据。

5）开放AGC系统有功功率、无功功率、频率、电压等相关数据。

6）开放AGC系统投切标志位。

7）开放AGC系统对清洁能源大数据创新平台的控制接口。

8）开放单台机组和全场的限电损失电量。

3.2.1.5 AVC系统数据接入

1. 协议类型

AVC系统数据接入应遵循的协议为IEC 60870－5－104规约、Modbus－TCP协议。

2. 数据刷新频率

数据刷新周期小于 1s，死区不大于 3‰。

3. 数据范围及要求

AVC 需开放所有设备采集到的数据点，主要有以下要求：

1）开放遥信量、遥测量、遥控量、告警信号。

2）开放 AVC 系统收到的电网有功控制指令。

3）开放 AVC 系统上传的调度数据。

4）开放 AVC 系统实际控制效果曲线数据。

5）开放 AVC 系统有功功率、无功功率、频率、电压、电流等相关数据。

6）开放 AVC 系统投切标志位。

7）开放 AVC 系统对清洁能源大数据创新平台的控制接口。

3.2.1.6 测风塔、环境监测仪数据接入

1. 协议类型

测风塔、环境监测仪数据接入应遵循的协议为 IEC 60870－5－104 规约、Modbus－TCP 协议。

2. 数据刷新频率

数据刷新周期小于 3s。

3. 数据范围及要求

需开放所有设备采集到的数据，主要有以下要求：

（1）测风塔。

1）开放各层风速和风向、10m 温度、10m 气压、10m 湿度等资源数据。

2）开放数据采用的 Modbus－TCP 协议。

（2）环境监测仪。

1）开放光辐照度、环境温度、相对湿度、风速、风向、气压等。

2）开放数据采用的 Modbus－TCP 协议。

3.2.1.7 功率预测系统数据接入

1. 协议类型

功率预测系统数据接入应遵循的协议为 IEC－102 规约、安全文件传送协议（secret file transfer protocol，SFTP）。

2. 数据刷新频率

超短期数据刷新周期小于 15min，短期数据每天刷新 2 次。

3. 数据范围及要求

开放数据包括短期和超短期功率预测文件。

3.2.1.8 数据接入方式

数据应用的基础是完成数据的采集，在数据采集过程中要严格按照电力安全规程要求接入，数据采集的网络带宽和采集规约分别如下：

1. 数据接入带宽

根据管控中心数据分析得出，每1万点数据所占用的带宽大约为0.21Mbit/s，因此每个电站传输的数据点需在5万点以内。

以200MW风电场为例，共有132台1.5MW风电机组，以每台风电机组平均300个数据点为标准，升压站平均7000点，合计4.66万点。因此一个200MW的风电场建议使用电场现有的2MW专线，超过200MW的风电场建议新增专线。风电场数据采集点预测表见表3-1。

表3-1　风电场数据采集点预测表

项　　目	风电机组数据	升压站	共计
点数预测/万点	3.96	0.7	4.66

以50MW光伏电站为例，共有90台500kW逆变器，每台逆变器74个点，1980年汇流箱，每个汇流箱22个点为准，升压站平均7000点，合计约5.7万点。因此一个50MW的光伏电站建议使用电站现有的2MW专线，超过50MW的光伏电站建议新增专线。光伏电站数据采集点预测表见表3-2。

表3-2　光伏电站数据采集点预测表

项　　目	逆变器及汇流箱	升压站	共计
点数预测/万点	5	0.7	5.7

2. 丰富的协议适配库

采集层面能够适配多种协议集，支持IEC 61850规约、Modbus、OPC等多种协议集，能够通过简单配置支持采集风电机组、光伏、水电、升压站等不同类型电站的数据。协议集管理平台能够同时并行采集多条链路的数据。

协议适配器能够支持多服务端的组播、对点传输，能够对数据质量进行初步筛查、修正、抽取。数据采集后，同时支持数据的报文加密等安全功能。

3.2.2 数据管理标准

大数据的核心价值体现不在于数据的量大，而在于数据的质量高，因此数据质量管理是大数据价值得以实现的必经之路。将数据作为组织资产而展开的一系列具体化工作，是对数据的生命周期管理。

要实现在同一数据平台上管理各电站的数据，各电站必须遵循相应的数据管理标准。

3.2.2.1 构建数据治理体系

为保证数据的质量，需要从组织架构、管理制度、操作规范、IT应用技术、绩效考核支持等多个维度对公司的数据模型、数据架、数据质量、数据安全、数据生命周期等各方面进行全面的梳理、建设以及持续改进，接入平台的数据需要遵循这套体系，相应数据的管理按照标准执行。

构建的数据治理体系如图3-31所示。构建数据治理体系具体内容包括：

（1）建立电力公司及各电厂数据治理体系，包括数据管理组织、数据管理流程、管理制度规范、绩效考核体系以及安全架构体系5个方面。

（2）制订统一的资产数据、物料等的标准。

（3）制订元数据管理的方法和规范。

按照数据标准要求对存量数据进行清洗，并完成数据平台的初始化。

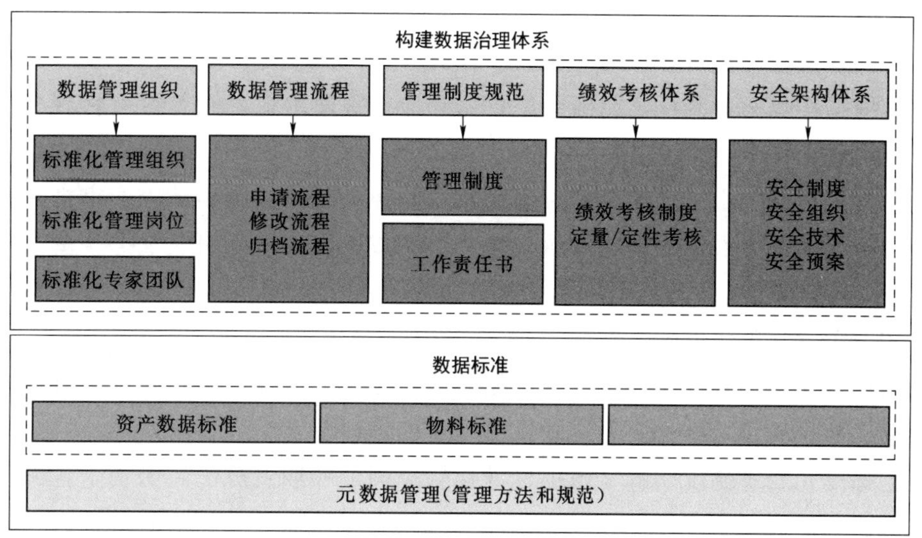

图3-31 构建的数据治理体系

3.2.2.2 数据治理体系架构

把数据治理贯穿到数据的全生命周期，除了需要在接入源头进行去重、格式校验和统计量审计等治理，还提供数据标准化管理组织、数据标准化管理流程、数据标准化管理制度、数据标准化绩效考核、安全架构体系5部分。

1. 数据标准化管理组织

数据标准化管理组织结构表见表3-3。

2. 数据标准化管理流程

数据标准化管理流程通过对数据管理流程的制定，结合数据管理平台的功能可以实现数据的申请、审核、校验、生成、发布、变更、维护、核销的全生命周期管理。

表3-3 数据标准化管理组织结构表

主要内容	内容描述
数据范围	明确数据标准化管理的范围，建立管理部门问责制
数据标准	从业务角度制订并管理数据标准
数据收集与反馈	建立数据管控组织信息的正式分发和定期沟通机制，收集数据用户的要求和反馈
数据的质量规范与安全要求	提出数据的质量规范与安全要求； 建立为维护标准所必需的指导准则
数据管控	建立数据管理系统以支撑数据管控体系； 确保标准、政策、监测指标、流程、工具不断更新，适应新的管理需求

数据标准化流程的制订主要包括以下内容：

（1）明确数据类型和范围，结合实际业务情况和企业管理制度明确数据产生源头，从而确认数据的归口管理部门。

（2）根据实际业务流程，明确构建数据标准化管理组织，设立数据管理岗位，明确岗位职责和工作内容。

（3）根据数据全生命周期管理，明确数据角色，包括数据申请人、审批人、发布人等，同时明确每类数据申请、审核、校验、生成、发布、变更、维护、核销的管理流程。

3. 数据标准化管理制度

数据标准化管理制度是为了实现数据的唯一性和准确性，提高数据的科学性和规范性，确保数据质量，结合企业实际情况确定的管理制度。

数据标准化管理制度明确了数据标准化管理岗位和职责分工，明确了各岗位人员的工作内容，能够最大程度地约束岗位职责执行力度，保证数据的完整性、一致性和准确性，通过一整套定义和维护企业数据的规范、技术和方案，并借助信息化工具，对数据进行全面、实时的动态管理和控制。

数据标准化管理制度也是为了保证数据的正确性、实时性、精确性、完备性、相关性以及可访问性的质量而采取的控制方法和手段。

4. 数据标准化绩效考核

数据标准化绩效考核指标是用来评估及考核数据相关责任人职责履行情况，数据管控标准及政策执行情况的参考。目的是通过定量或定性的考核指标来确保数据管控标准及政策的切实执行，加强对数据管控相关责任、标准与政策执行的掌控能力。

建立数据质量控制体系，确认质量控制流程，确立数据长期运维模式，可实现数据的持续性治理，稳定保障数据管理机制的可靠运行。

建立数据监督和数据质量评价体系和指标体系，可量化数据考核，对数据的创建、变更、销毁过程实现质量管控。

5. 安全架构体系

按照信息安全等级保护管理办法以及电力数据安全管理相关标准，建立清洁能源行业数据安全等级划分方法，并制定各安全等级的数据安全防护机制和策略，包括安全管理制度、组织、技术和预案等。

建立总体安全策略，如基于身份的安全策略、基于角色的安全策略、基于规则的安全策略等，保障系统能够抵御黑客、病毒、恶意代码等各种形式的恶意破坏和攻击，实现清洁能源大数据创新平台的安全态势感知，保障清洁能源大数据创新平台的安全稳定运行。

面向系统运维及应用人员，建立完整的安全防护管理制度与手段保障，包括组织与人员保证、安全管理制度、安全技术规范、安全培训、安全考核、技术监督等。

3.2.2.3 元数据管理

元数据管理包括框架、分类、注册系统元模型与基本属性、数据定义、命名和标识原则、注册等的管理。

1. 元数据基本概念

元数据是描述数据的数据，如果没有元数据，信息化系统中收集和存储的所有数据都会失去意义，也就失去了业务价值。

要想获得元数据的价值，需要根据建立的流程，在行业标准和最佳实践指导范围内管理元数据。元数据管理是一项和数据管理、数据治理一样重要的工作，因为元数据管理是这些准则的基础组件。不管理好元数据，就不能管理好数据。

元数据管理内容包括业务词汇表的发展、数据元素和实体的定义以及业务规则、算法和数据特征。

2. 元数据管理规范

目前国际上元数据管理遵循的规范为公共仓库元模型（common warehouse model，CWM）。该规范是由对象管理组织（object mangement group，OMG）制定的，此规范的目的是在不同系统之间可以自由、便捷地交换元数据。CWM 的核心技术有三个，分别是统一建模语言（united modeling language，UML）、元数据对象建模（metadata object facility，MOF）和元数据交换文件（XML metadata interchange，XMI）。UML 主要用来定义元模型；MOF 用来提供可操作的元数据接口；XMI 用来定义交换元数据的机制，元数据规范如图 3-32 所示。

3. 元数据管理模式

元数据的管理方式有三种，分别是集中式、分布式和混合式。

集中式的管理方式是把原有系统中的元数据抽取出来，用一个独立的系统来集中

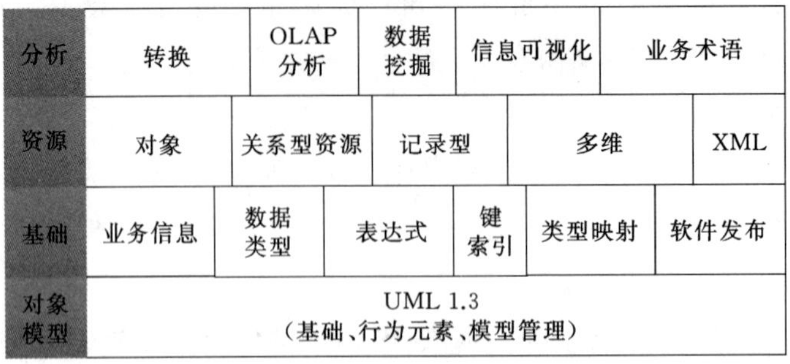

分析	转换	OLAP 分析	数据挖掘	信息可视化	业务术语	
资源	对象	关系型资源	记录型	多维	XML	
基础	业务信息	数据类型	表达式	键索引	类型映射	软件发布
对象模型	UML 1.3（基础、行为元素、模型管理）					

图 3-32　元数据规范

管理。此类管理方式的优点是可高效存取信息，独立于被集成的系统，具备存储附加元数据的能力；缺点是由于额外的执行和维护降低了数据交互的实时性。

分布式管理方式是不具备独立的元数据存储库，系统实时连接到原有系统的管理方式。这种方式的优点是适时性比较好，能保证元数据的质量；缺点是过度依赖于集成系统和不能存储附加元数据。

混合式元数据管理既有独立的元数据存储库又可实时连接到原有的系统。混合式管理方式克服了集中式和分布式管理方式各自的缺点，同时集成了前两种管理方式的优点，既能适时捕获和反映原有系统元数据的情况，又能让用户扩展和定义附加的元数据。

3.2.2.4　数据应用标准制订

通过数据应用标准的制订可使各类清洁能源场站、不同设备在应用、控制服务中保持统一的应用呈现，保证设备在不同状态划分下能使用统一的标尺和维度进行对比、分析和应用。应用标准主要包括以下几个方面：

（1）制订清洁能源场站基础数据标准，包含清洁能源场站基础经纬度、类型、装机容量、设备型号等数据标准，保证基础数据的统一化应用。

（2）制订设备运行状态标准，将复杂的清洁能源设备状态标准化，提供应用显示的归类名称、颜色标志等相关标准。

（3）制订设备故障与报警的级别标准，当设备发生故障或报警时自动匹配级别序列，能够利用统一的故障级别告警机制实现设备故障报警的统筹管控。

（4）制订设备控制过程流程，当某控制指令是统一进行二次验密、遥控返校与遥控确认操作，并带有五防验证逻辑时，保证控制功能的标准化。

（5）制订应用安全防护标准，通过完善的用户安全认证防护与服务授权体系，防止用户窃取设备控制权限。

（6）制订数据测点命名标准，其既包括数据测点在界面呈现上用统一的命名规则显示，又包括数据测点底层数据命名的标准化，以此来实现系统内/外共享服务的数据ID唯一性。

3.2.2.5 数据清洗和校验

在确定数据管理标准之后，需要按照标准对存量数据进行收集、清洗和发布。对增量数据应要求其符合数据标准，并在数据接入时或接入后，对数据进行校验、入库和发布。清洗和校验内容包括但不限于资产设备、物料等主数据，以及各类时序数据和业务数据。

3.2.3 数据共享标准

3.2.3.1 数据抽取服务

数据服务平台为多种类型的数据访问、数据调用等提供标准化、规范化的数据接口服务，为各服务对象提供统一的注册服务，实现服务调用的统一入口。数据服务平台可快速配置数据接口服务，支持表、视图、存储过程、自定义函数等多种方式。

为保障服务平台的安全性，对注册用户信息进行统一管理和权限控制，平台提供用户名、密码、验证码的登录方式，对系统管理员及不同的注册用户开放不同的访问权限。

提供服务平台的动态监控，包括服务访问内容、访问结果等的监控，可按时间、服务名称进行服务综合查询，实现服务的关键指标监控，包括并发数、处理时间、成功率等方面的监控。

3.2.3.2 数据推送服务

数据推送服务负责对不同业务系统、不同网络进行主动消息推送，是向各应用系统推送数据的重要渠道。各业务系统通过数据推送服务接口和数据平台挂接，由数据推送服务来实现消息结构定义、数据映射、数据转换、消息封装、路由、传输等具体服务。各业务系统只需要从数据推送服务接收推送的数据就可以实现系统间的松耦合。

3.2.3.3 离线数据包服务

离线数据包服务在满足安全合规性要求的前提下，以离线数据包的形式提供数据服务，包括一次性提供和定期提供两种服务方式。离线数据包主要包括各类原始数据、相关基础分析数据、研究数据、报表统计数据等，按业务主题、数据格式、数据大小、数据来源、数据发布时间、行政区划等分类形成数据产品清单进行发布，并根据新增数据情况及时更新数据清单。信息需求方根据需求申请相关数据资源的服务内容和服务方式，根据申请单位的相关信息审核是否可以提供相应服务，审核通过后根据信息需求方的数据用途提供服务。

3.3 数据来源及数据流向

在数据接入层面，构建标准化的清洁能源数据接入标准，针对不同设备对各点表、状态值、报警值进行归一化处理，保证数据网络通道畅通，相应数据能够及时上送。在不影响调度数据传输的情况下，尽量利用已有调度通信网络的硬件优势，实现低成本数据接入。在调度数据网络不能满足的情况下，通过建设新的数据通道，实现现场数据的上送。

3.3.1 数据架构

清洁能源智慧统一管控平台数据架构图如图3-33所示。由图3-33可知，整体数据架构分为数据源层、数据采集层、数据处理层与数据展示应用层四个部分，采用统一的标准化应用，实现整体平台的数据标准化。

3.3.2 数据源层

数据源层主要是采集数据，数据源主要为并网清洁能源电站、升压站等，包括风电机组、光伏、升压站、储能设备、测光塔、测风塔、水电站等设备数据以及气象数据。

3.3.3 数据采集层

在数据源层制订标准化的数据采集规范，清洁能源电站按照标准上送的数据可进入数据处理层。在数据采集层面，实时监控区实现包括风电机组、光伏设备、升压站设备等的数据接入，同时严格按照电力二次系统防护规定，对数据传输依照“横向隔离、纵向加密”的原则进行设计；在互联网区实现多源气象数据的采集接入。

3.3.4 数据处理层

数据处理层对数据进行分类、分级存储，对高实时性数据、低时效性数据进行分类，对不同设备的状态值、故障告警信息进行标准化处理，保证各类数据横向比较的可行性。生产控制区将接入数据统一存入缓存，依据场站监控业务需求，进行标准化数据处理，同时将接入的数据同步至大数据平台；在业务管理及数据分析区将实时监控区同步到大数据平台的数据进行标准化清洗处理后，按数据模型分类要求统一存储到大数据平台，通过接口服务实现与数据展示应用层的数据交互。

3.3.5 数据展示应用层

数据展示应用层主要是针对各类应用提供数据服务，在控制应用方面，保证控制

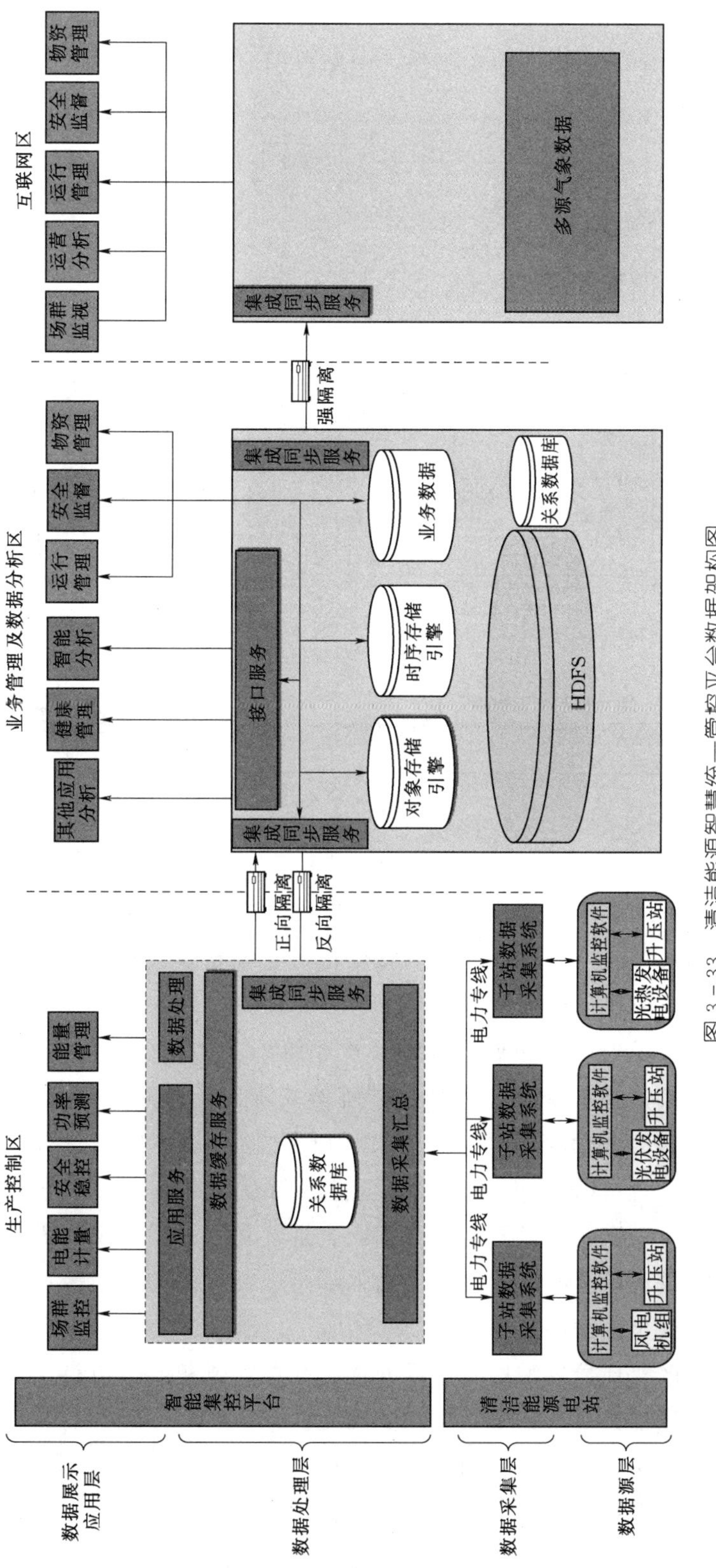

图 3-33 清洁能源智慧统一管控平台数据架构图

事务的唯一性，在控制功能上实现控制的遥控选择与反馈确认，保证设备控制的精确性，防止由于数据安全问题造成的误操作，应用数据流如图3-34所示。

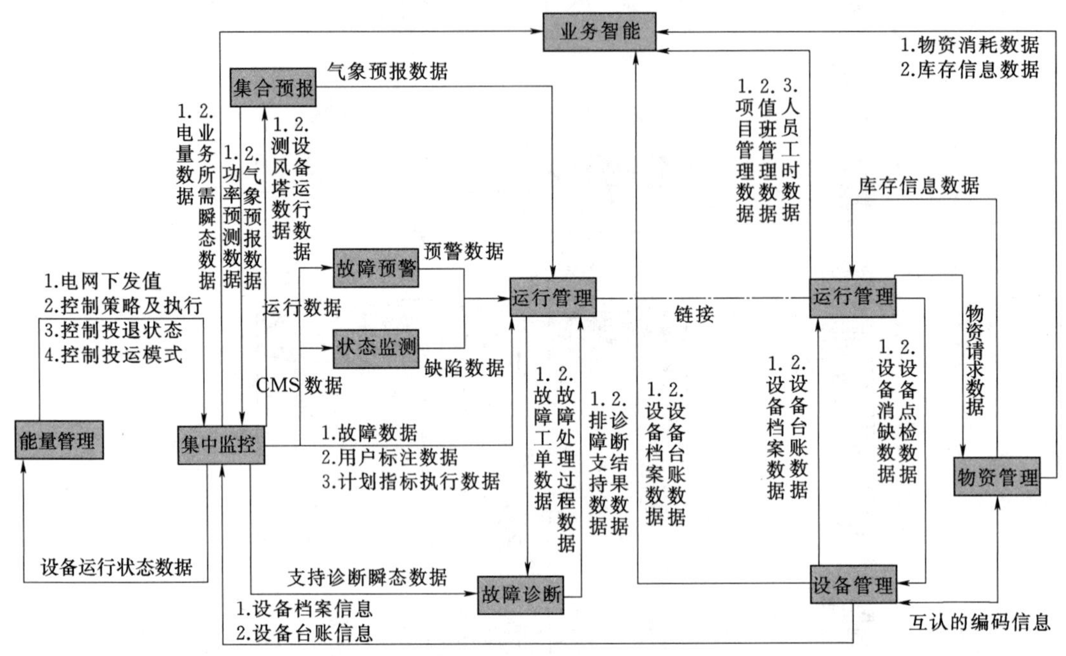

图3-34　应用数据流

实现各系统数据的横向打通，保证集中监控、集中预测与预报、生产管理、健康管理、业务智能的低耦合特性，在需要衔接时能够自动根据预设接口实现图3-34的数据交互。

网络架构设计与规划严格遵循《电力二次系统安全防护规定》（电监会5号令）和《信息安全技术　信息系统安全等级保护基本要求》（GB/T 22239—2008），将网络划分为生产大区和信息管理大区，生产大区包含安全Ⅰ区（生产控制区）、安全Ⅱ区（非生产控制区），信息管理大区包含安全Ⅲ区与互联网区，安全Ⅰ区与安全Ⅱ区之间采用防火墙进行逻辑隔离；安全Ⅱ区和安全Ⅲ区之间通过正反向隔离装置进行数据单向传输。安全Ⅲ区与互联网区之间使用强隔离进行数据的双向传输和功率预测气象数据的传输，各安全区功能实现如图3-35所示。

（1）在安全Ⅰ区实现数据采集、数据处理、基本监视和控制功能。

（2）在安全Ⅱ区部署实现集中功率预测功能。

（3）在安全Ⅲ区实现业务管理和大数据分析。

（4）互联网区为手持设备数据来源，用于移动端的数据展示和业务管理。其接收气象数据并提供给安全Ⅱ区的集中功率预测系统。

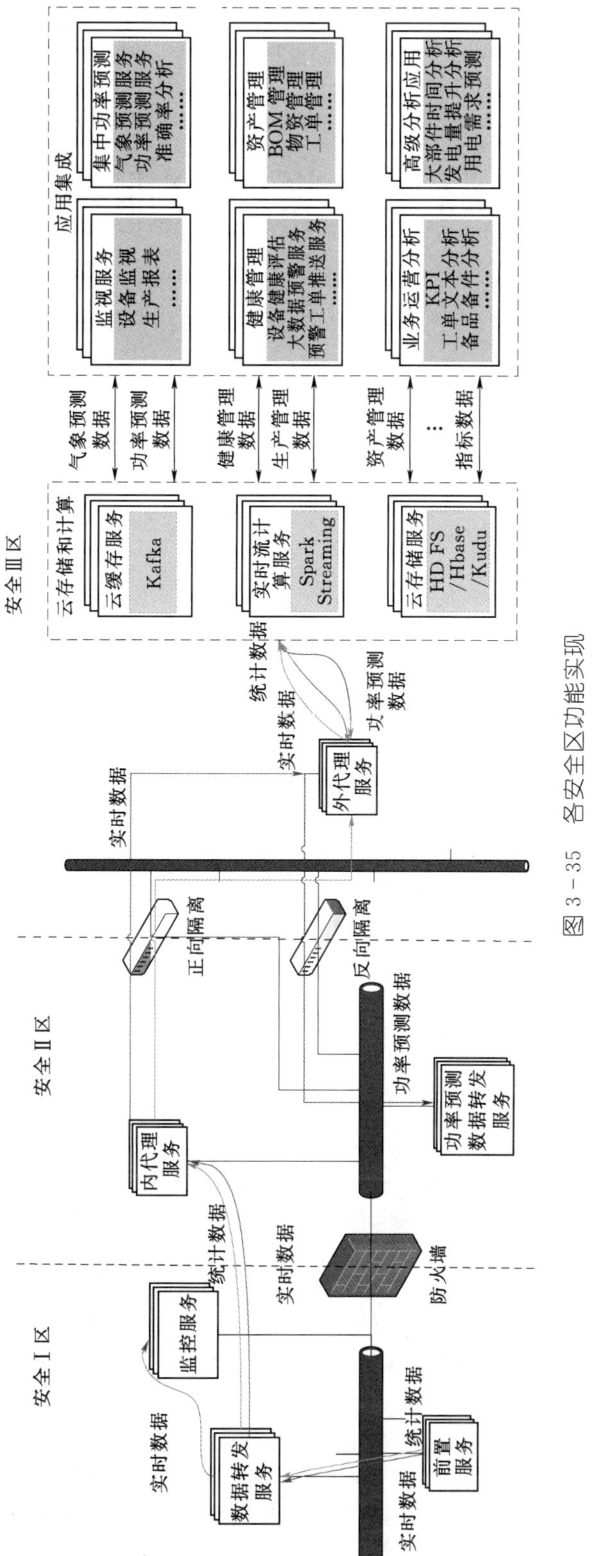

图 3-35 各安全区功能实现

第4章

清洁能源大数据平台服务体系

4.1 业务体系

4.1.1 设计

1. 业务体系设计思路

业务体系设计的思路是对平台业务架构中的服务层进行展开，分析获得参与方和可开展的服务内容品类，从业务价值、平台支撑、数据资产三个维度准确论证可行性和优先级，从而形成设计期内平台创新服务的内容品类和构建路线。

（1）业务价值维度。平台创新服务的核心价值在于为服务对象带来的业务价值；服务对象贯穿源、网、荷，覆盖全产业链，业务主体的数量大，需要能够准确识别出业务主体；不同业务主体的核心业务诉求和业务架构差异性大，需要准确识别评估服务的业务和价值。

（2）平台支撑维度。平台为创新服务带来的核心价值是创新服务在市场竞争中的差异化竞争力。这种差异化竞争力体现在平台的核心资源，可以是数据、安全或者大量的用户和合作伙伴。

（3）数据资产维度。平台的核心业务逻辑是清洁能源数据资产运营，创新服务应该为平台的数据资产带来价值。平台数据资产按价值密度可分为：①核心层，覆盖电力生产到消费的能量流动数据，如网架结构和潮流，其下是支撑能量流动的物理设施数据，如设备相关数据，其上是驱动能量流动的市场交易数据；②扩展层，主要是产业链中业务主体的企业资源数据，如企业经营中的人、财、物数据；③外延层，主要是产业链外部的相关数据，如宏观经济数据。

2. 业务体系设计方法

业务体系设计应从洞悉客户的业务战略开始，形成明晰的业务架构，映射形成应用架构，最终形成建设路线，这种是常用的企业信息化建设设计方法，很适合外部业务模式稳定，内部业务流程规范的企业级客户。常规的企业信息化设计方法流程图如图 4-1 所示。但是，在此次的平台创新服务设计中，采用这种正向的设计方法，会面临较大挑战，主要原因为：

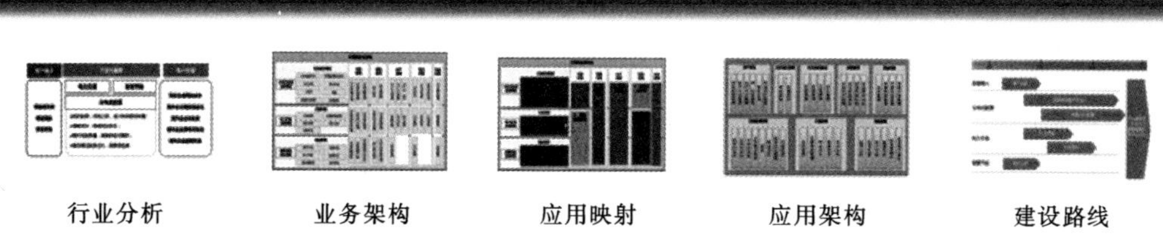

图 4-1　常规的企业信息化设计方法流程图

（1）业务实体较多，业务诉求和架构完全不同，难以准确洞察。

（2）业务实体的业务模式不稳定，本身就在快速发展变化过程中。

（3）需要设计的服务不仅包括应用层面的服务，还包括线下的创新服务模式。

平台创新服务的设计本质上不是企业信息化设计，而是互联网形态下开放的平台型业务的设计。因此，设计方法应该采用评估分析方法，在对市场洞察的基础上，确定细分业务方向的可行性和优先级，从而确定建设路线。

评估分析法包括以下主要步骤：

（1）从业务价值、平台核心资源、对平台价值三个维度上建立服务可行性和优先级的评估模型。

（2）以源、网、荷贯穿的视角，识别清洁能源全产业链中的主要参与方作为服务对象。

（3）识别行业内相对主流且成熟的服务模式，包括应用服务和业务服务。

（4）依据服务评估模型，对识别出的主流服务进行评估，综合衡量该服务的可行性、优先级和依赖关系。

（5）基于服务评估的结果，结合总结设计中的阶段划分形成建设路线。

平台创新服务评估分析方法流程图如图 4-2 所示。

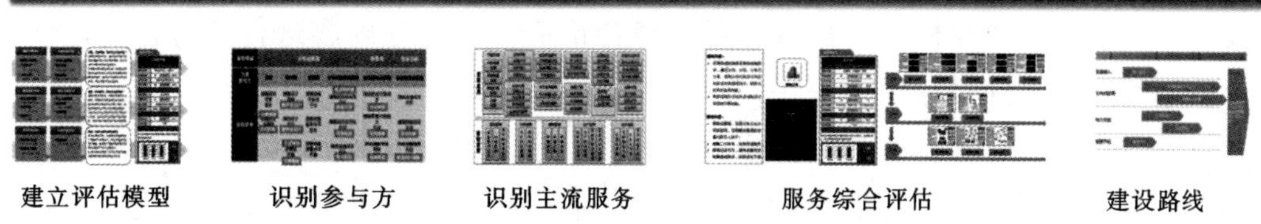

图 4-2　平台创新服务评估分析方法流程图

3. 业务体系服务评估模型

业务体系服务评估模型主要通过服务评估卡对各种应用服务进行评估，主要通过以下方面进行：

(1) 服务对象评估。服务对象评估准确识别服务对象，通过区域内服务对象的数量及其业务的稳定程度，来反映服务对象对服务的消费能力。

(2) 服务价值评估。服务价值评估识别服务带来的业务价值，通过该业务需求与客户核心诉求的关联程度来评估需求的强度，通过客户对目前解决方案的态度来反映需求的急迫程度。

(3) 服务载体评估。服务载体评估准确识别服务载体，明确服务属于平台服务、应用服务或者直接的业务服务的哪种。通过成熟范例和服务供方两个维度，评估该种服务在市场上的丰富完备程度。

(4) 核心资源评估。核心资源评估用来评估分析平台可以给该种服务带来哪些核心资源，这些资源应该是相对其他竞争者所独有的，会成为客户选择该服务的关键因素。

(5) 经济价值评估。经济价值评估从直接收益和数据资产增值两个维度进行，直接收益用定性方式衡量，数据资产增值依据该服务的相关数据资产所处位置进行评估。

(6) 社会价值评估。社会价值评估依据与能源生产端和消费端变革的相关程度进行评估。

服务评估卡实例如图 4-3 所示。

4. 业务标准

根据业务设计的思路和方法，业务标准主要包括以下三个方面：

(1) 业务服务设计标准。按照标准的方法论进行业务设计，通过市场研究，洞察市场创新机会，根据平台发展的战略方向，制定战略目标和发展策略，确定目标客户，设计商业模式，制定运营机制，编制发展路线和计划，测算投入产出。每年对业务设计进行滚动调整和优化。平台业务设计均要按照标准的方法进行。

(2) 业务服务评估标准。制定业务评估标准，按照评估标准来对业务进行评估，对业务的设计和实际表现进行阶段和最终的核实确认。通过对业务开展过程中的市场份额、用户数量、商业模式、运营情况、综合价值、收入等内容进行综合评价，评估该业务是否达到设计目标。

(3) 服务分类标准。服务主要分为三大类，分别为平台服务、应用服务和业务服务。平台服务是平台直接提供的服务，不对外进行开放，是以基础设施和应用构建为核心的基础服务；应用服务是开放的服务，是由第三方提供商构建的支撑特定业务场景的服务，如功率预测应用；业务服务也是开放的服务，是由不同的第三方业务服务

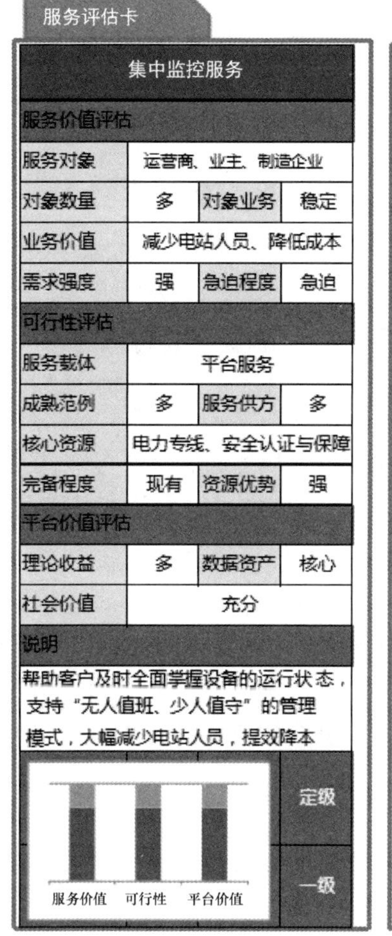

服务评估卡

集中监控服务			
服务价值评估			
服务对象	运营商、业主、制造企业		
对象数量	多	对象业务	稳定
业务价值	减少电站人员、降低成本		
需求强度	强	急迫程度	急迫
可行性评估			
服务载体	平台服务		
成熟范例	多	服务供方	多
核心资源	电力专线、安全认证与保障		
完备程度	现有	资源优势	强
平台价值评估			
理论收益	多	数据资产	核心
社会价值	充分		
说明			
帮助客户及时全面掌握设备的运行状态，支持“无人值班、少人值守”的管理模式，大幅减少电站人员，提效降本			
定级	一级		

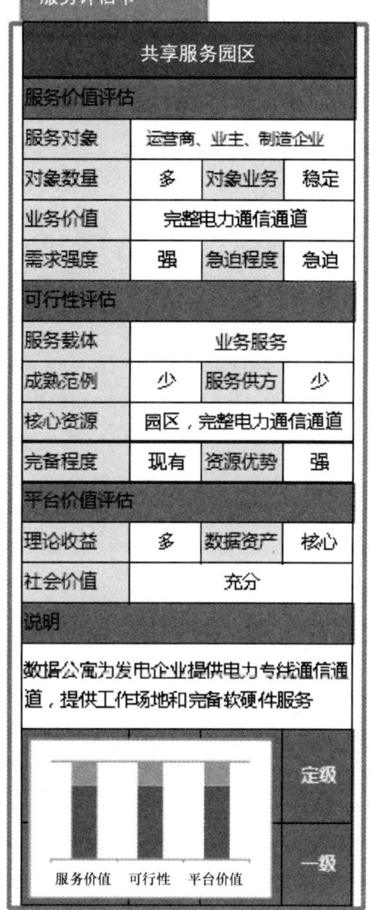

服务评估卡

共享服务园区			
服务价值评估			
服务对象	运营商、业主、制造企业		
对象数量	多	对象业务	稳定
业务价值	完整电力通信通道		
需求强度	强	急迫程度	急迫
可行性评估			
服务载体	业务服务		
成熟范例	少	服务供方	少
核心资源	园区，完整电力通信通道		
完备程度	现有	资源优势	强
平台价值评估			
理论收益	多	数据资产	核心
社会价值	充分		
说明			
数据公寓为发电企业提供电力专线通信通道，提供工作场地和完备软硬件服务			
定级	一级		

图 4-3　服务评估卡实例

提供商提供的满足特定业务需要的直接业务服务，如设备代维服务。不同的服务形式由不同的支撑平台提供业务运营支撑。

4.1.2　参与方及业务识别

1. 清洁能源产业参与方分析

分别从源、网、荷全产业链的角度对清洁能源的主要参与方进行分析识别，清洁能源产业参与方主要分为两大类，分别是核心参与方和辅助参与方，核心参与方是指源、网、荷内部核心业务的参与者，辅助参与方是指围绕着源、网、荷核心业务，并为其提供配套辅助服务的参与者。

从源、网、荷的角度划分，清洁能源产业参与方示意图如图 4-4 所示，核心参与方包括源侧的清洁能源电站业主和运营商；网侧的电网；荷侧的分布式能源运营商、负荷集成商、节能公司和售电公司等综合能源服务商。

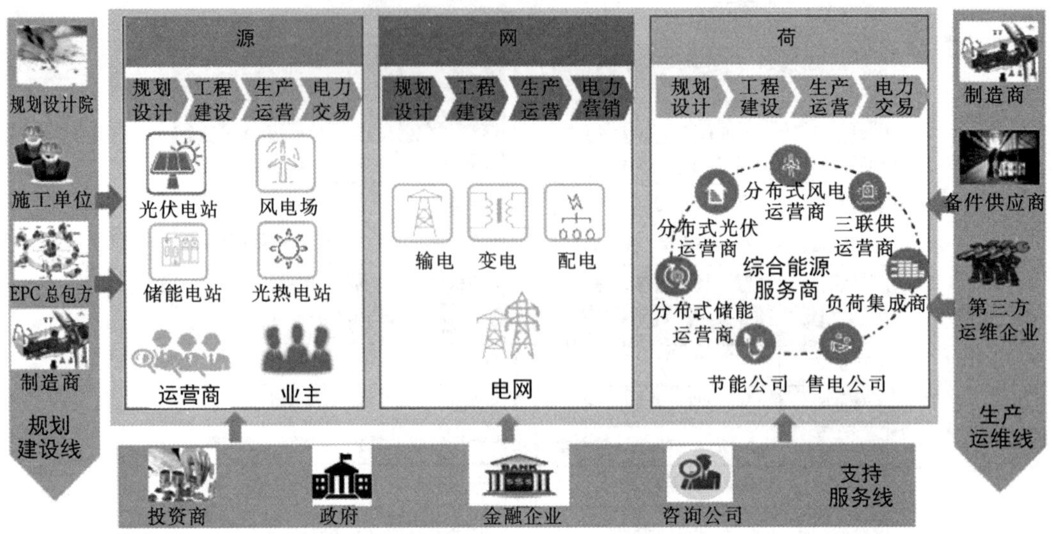

图 4-4　清洁能源产业参与方示意图

辅助参与方包括设计建设线的规划设计院、施工单位、电站建议总包方、制造商等；生产运维线的备件供应商、第三方运维企业、制造商等；支持服务线的政府、金融企业、投资商、咨询公司等，辅助参与方可以对核心参与方的业务开展和运作提供全面支持。

2. 清洁能源产业核心应用架构

清洁能源产业的核心参与方主要包括运营商、业主、电网和分布式综合能源服务商。核心参与方开展的核心业务主要包括四种类型，分别为规划设计、工程建设、生产运营和电力交易，清洁能源产业典型应用架构示意图如图 4-5 所示。

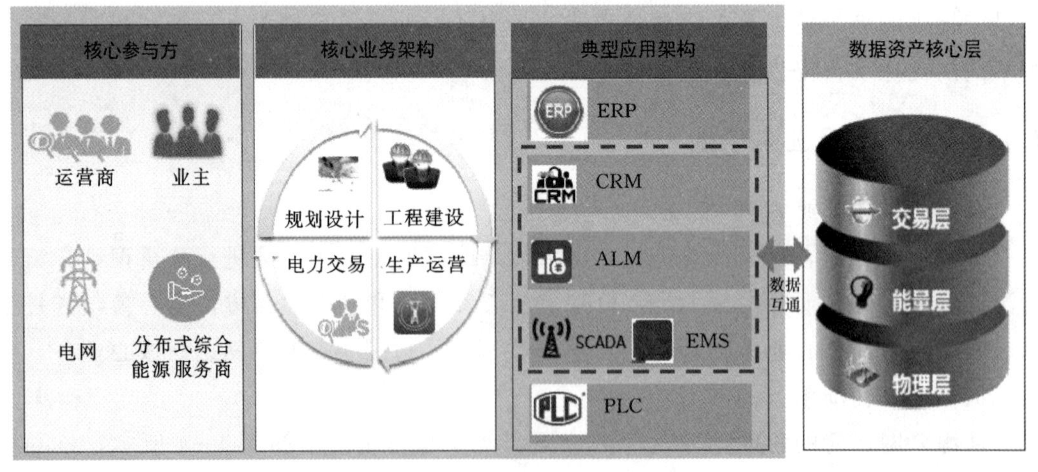

图 4-5　清洁能源产业典型应用架构示意图

为了支撑这四种核心业务的有效开展，需要以下六个方面的应用进行支撑，这六个方面应包括：①可编程逻辑控制器（programmable logic controller，PLC）；②数据采集与监视控制系统（supervisory control and data acquisition，SCADA）；③能量管理系统（enery management systam，EMS）；④应用全生命周期管理（application lifecycle management，ALM）；⑤客户关系管理（customer relationship management，CRM）；⑥企业资源计划（enterprise resource planning，ERP）。其中SCADA、EMS、ALM、CRM四个应用系统与核心业务最为密切，此次设计的业务应用也以这四个方面为主。

由核心业务和核心应用产生的数据资产主要包括三个层面：①交易层数据；②能量层数据；③物理层数据。

3. 清洁能源产业业务服务洞察

针对清洁能源产业核心参与方和辅助参与方的业务和数据需求，结合目前行业内已经开展的各项应用服务，对整个行业内的应用进行梳理，并从使用的角度和源、网、荷的角度对应用进行了分类，以更准确、完整地识别出各项应用服务。源、网、荷应用分布图如图4-6所示。

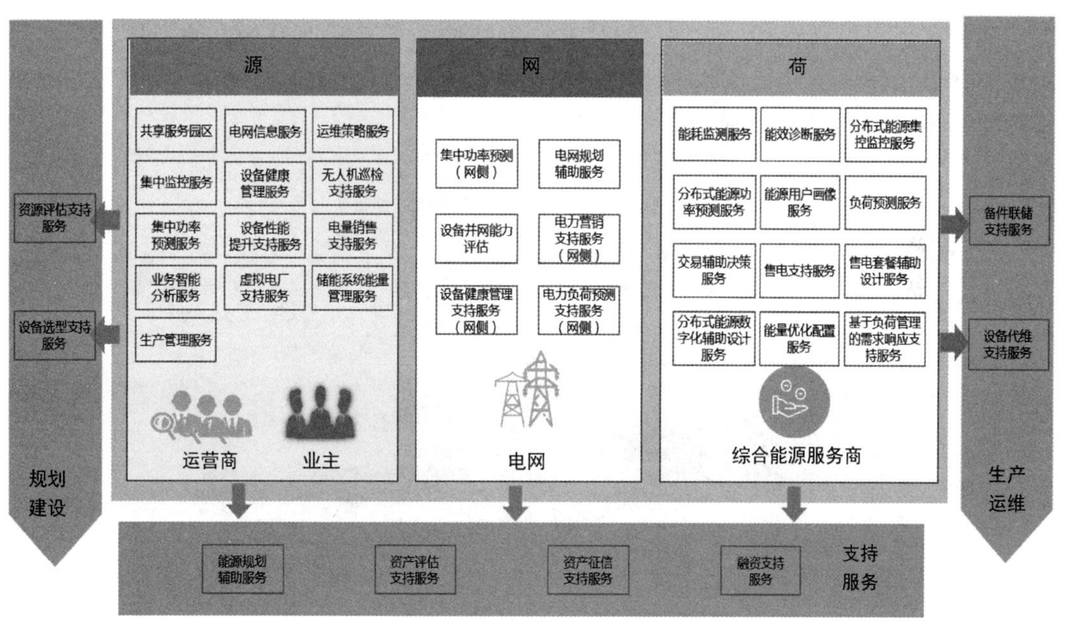

图4-6 源、网、荷应用分布图

核心参与方应用包括：

（1）源侧。源侧包括共享服务园区、集中监控服务、集中功率预测服务、业务智能分析服务、生产管理服务、电网信息服务、设备健康管理服务、设备性能提升支持服务、虚拟电厂支持服务、运维策略服务、无人机巡检支持服务、电量销售支持服务、储能系统能量管理服务。

（2）网侧。网侧包括集中功率预测、电网规划辅助服务、设备并网能力评估、电力营销支持服务、设备健康管理支持服务、电力负荷预测支持服务。

（3）荷侧。荷侧包括能耗监测服务、能效诊断服务、分布式能源集控监控服务、分布式能源功率预测服务、能源用户画像服务、负荷预测服务、售电套餐辅助设计服务、交易辅助决策服务、售电支持服务、分布式能源数字化辅助设计服务、能量优化配置服务、基于负荷管理的需求响应支持服务。

辅助参与方应用包括：

（1）规划建设。规划建设包括资源评估支持、设备选型支持服务。

（2）生产运维。生产运维包括备件联储支持服务、设备代维支持服务。

（3）支持服务。支持服务包括能源规划辅助服务、资产评估支持服务、资产征信支持服务、融资支持服务。

4.1.3 业务服务模式探索

平台管理区负责对数据平台各区进行统一的运维管理。通过数据的审计核查、质量评估修复、用户权限管理、使用痕迹跟踪等机制和功能，对数据在各区的交换、使用进行管理，保证数据在各区存储、管理、流转的一致性、完整性和易理解性，业务服务模式示意图如图4-7所示。

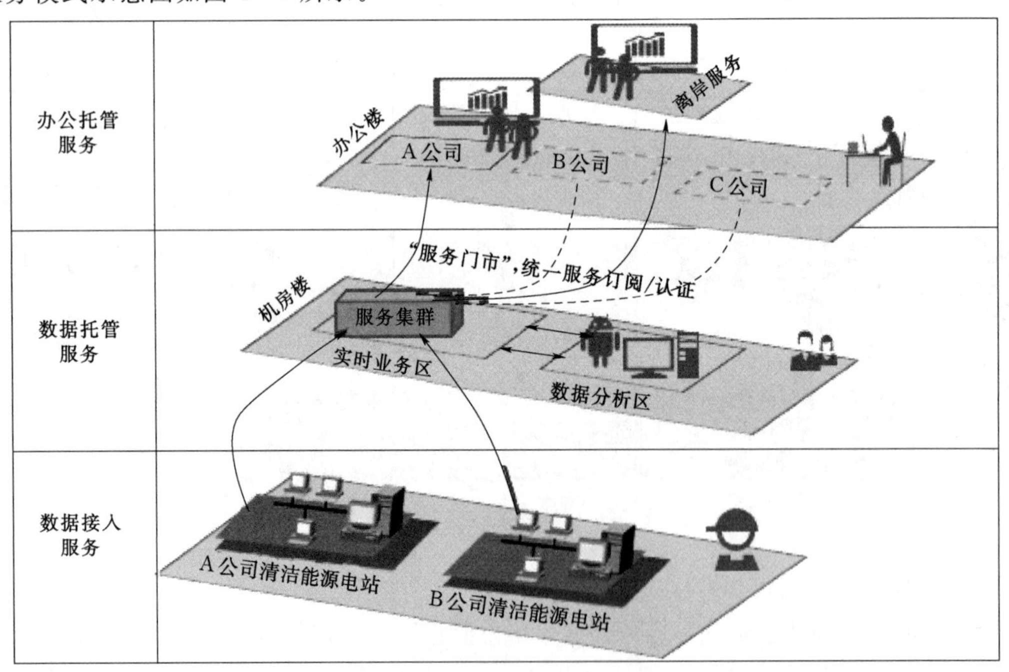

图4-7　业务服务模式示意图

1. 办公托管服务

以清洁能源大数据创新平台为核心构建清洁能源集控中心，开展办公托管、数据托管、离岸管控与数据接入服务，清洁能源大数据创新平台以“服务门市”的形式对客户提供数据监管及增值服务，统一管理服务的发布、订阅与认证。客户可以通过电脑、手机 APP 等多种形式访问服务。

2. 数据托管服务

在数据托管方面，清洁能源大数据创新平台统一管理用户的权限、服务组件、控制功能组件，在服务层实现不同权限用户和不同资产主体的服务隔离，保证监控、生产管理、数据增值等业务服务在不同资产主体之间不交叉，能够独立实现业务访问及相应的控制操作。

“服务门市”在清洁能源大数据创新平台基础之上，构建能够满足众多并发访问与交互操作的工作流引擎，工作流引擎作为总体服务的调度总线，保证应用服务请求的及时响应和遥控操作的事务级安全。构建以服务产品目录、用户服务管理、服务组配与订阅、服务安全认证、支付与结算管控为核心的服务体系，在服务体系的保证下实现全服务的一体化管控和“服务门市”化发布。

平台提供统一的身份认证管理与授权机制，用户通过身份认证登录平台后自动分配被授权的界面、服务及功能。用户登录后，能够对已经授权的服务进行管理、订阅，能够查询服务的收付费状况，能够查阅平台整体服务菜单并订阅新服务。

3. 数据接入服务

在数据接入层面，构建标准化的清洁能源数据接入规范及标准，针对不同设备对点表、状态值、报警值进行归一化处理，保证在数据网络通道畅通后，相应数据能够及时上送。在不影响调度数据传输的情况下，尽量利用已有调度通信网络的硬件优势，低成本地实现数据接入，在调度数据网络不能满足的情况下，通过建设新的数据通道，实现现场数据的上送。

4.2 运营体系

4.2.1 运营概况

4.2.1.1 运营的目的

梳理清洁能源大数据创新平台的运营体系，必须基于创新平台的基本业务逻辑。创新平台的核心参与方包括平台方、服务提供方和服务消费方；从业务逻辑上来看，平台方提供平台的核心资源，服务提供方提供技术服务，服务消费方提供业务需求；服务消费方使用服务产品获得有业务价值的服务，服务提供方收获客户，平台收获汇集的数据。平台运营基本业务逻辑图如图 4－8 所示。

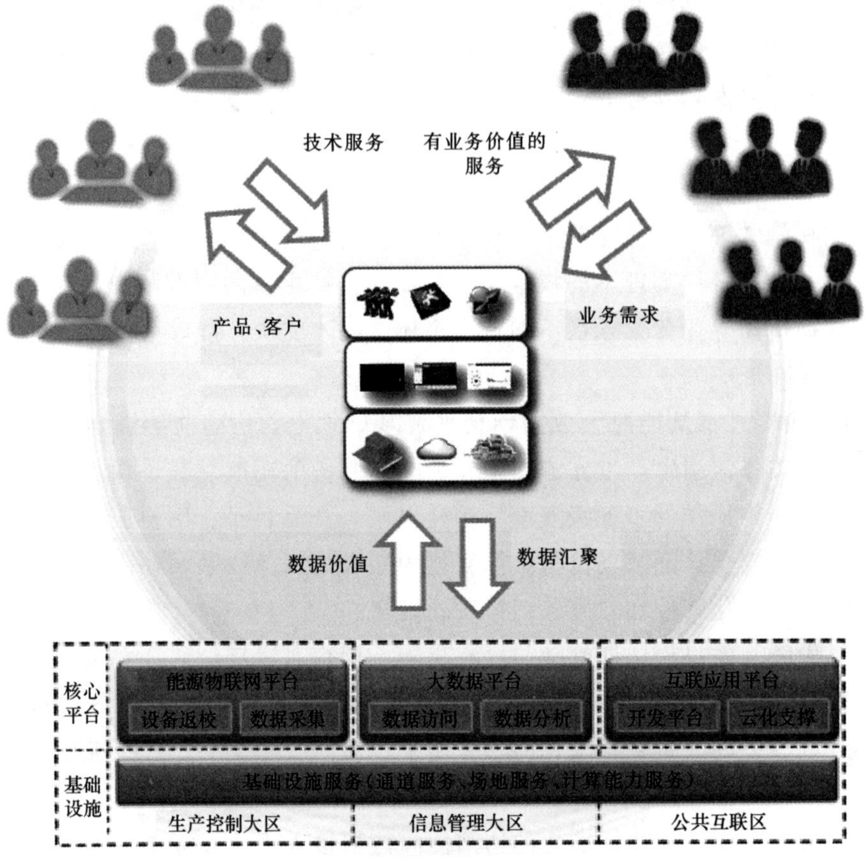

图 4－8　平台运营基本业务逻辑图

基于以上业务逻辑，创新平台运行的理想状态是：

（1）有足够数量的服务提供方和服务消费方。

（2）平台核心资源、消费方需求和提供方的技术能力精准匹配，不断推出服务产品。

（3）越来越多的服务产品、越来越多的参与方、越来越多的数据，互相推动、形成正向循环，持续发展。

创新平台运营的核心目的是保证创新平台能够一直运行在上述的理想状态。

运营规划的目的是，以创新平台运行的理想状态为目标，借鉴互联网产品运营理念，结合创新平台企业端业务实际，分析建立基本运营策略，梳理可行的典型运营方法和手段，形成初步的运营体系。

4.2.1.2　运营基本思路

创新平台的运营，必须明确运营的对象。

创新平台的运营，虽然本质上是数据资产的运营。但数据资产本身不具备可以被运营的特性，只有数据资产的价值是可以被运营的，这种价值的体现是需要载体的，创新服务产品就是这样的载体。

平台型业务的运营对象是平台上的所有相关方。不仅是使用服务产品的消费方，同时包括在平台上提供技术服务的服务提供方。特别是在运营初期，对服务提供方的运营尤为重要。运营基本思路图如图 4-9 所示。

图 4-9　运营基本思路图

创新平台的运营包括两个维度的运营。

(1) 服务产品的运营，基于服务消费方的业务需求，对接供方能力和平台能力，不断推出服务产品。

(2) 平台客户的运营，不断与相关方建立长期持续的接触、联系，保证相关方的客户体验，结合特定服务产品，将客户转化为服务提供方或者消费方。

4.2.2　服务产品运营

服务产品的运营围绕服务产品生命期进行。服务产品生命期包括规划期、设计期、构建期、运营期、退出期五个阶段，服务产品运营思路图如图 4-10 所示。

服务产品在生命期的每个阶段运营重点有所不同，下面将分阶段详细展开，分析该阶段的运营工作重点，梳理核心的运营业务过程和涉及的各类评估模型等。

4.2.2.1　规划期运营

规划期的运营重点是跟踪研究清洁能源产业的发展变化，持续识别产业相关方，持续发现相关方的业务需求；持续发现业内新的服务产品和服务模式；结合平台当时的核心资源，不断评估新的服务产品和服务模式，最终决定平台是否开通该类创新服务产品。规划期运营业务过程和模型如图 4-11 所示。

规划期运营业务过程中的核心活动是对规划服务产品的评估，评估模型主要涉及三个维度：对于服务消费方的业务价值是否足够；创新平台核心资源是否足够支持服务产品形成差异化的竞争力；这项服务产品对于创新平台的价值是否足够。

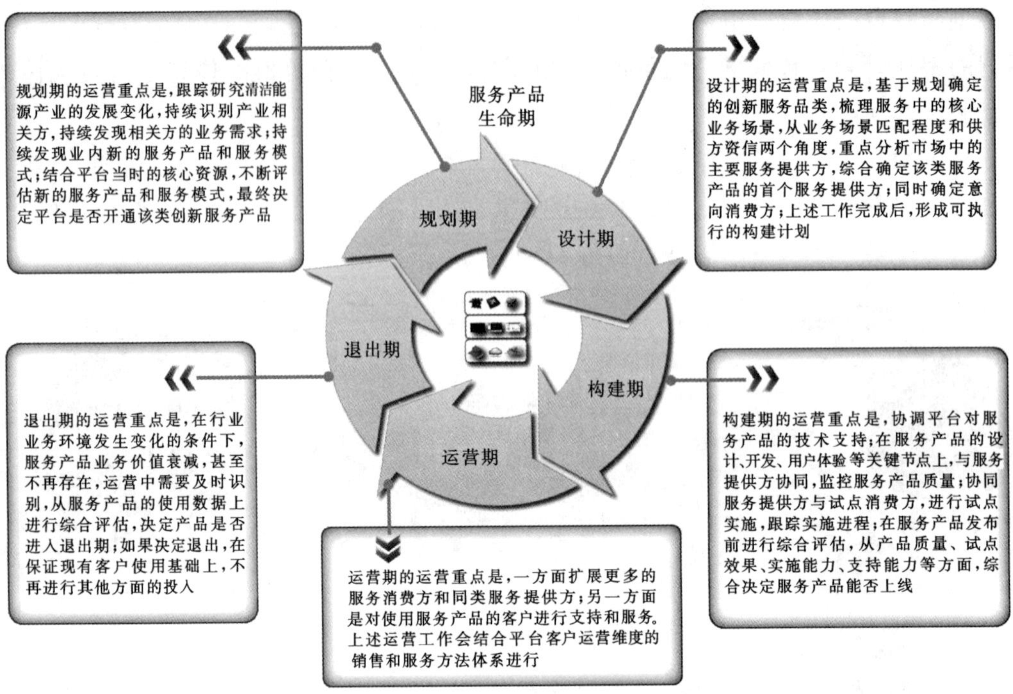

图4-10　服务产品运营思路图

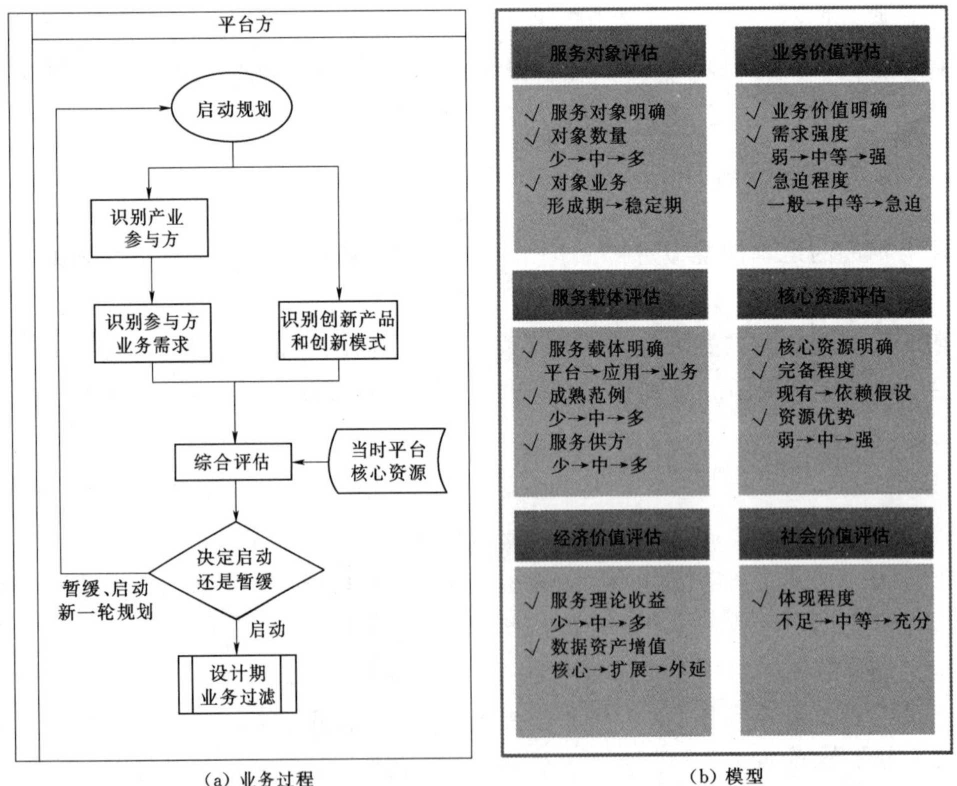

图4-11　规划期运营业务过程和模型

4.2.2.2 设计期运营

设计期的运营重点是基于规划确定的创新服务品类，梳理服务中的核心业务场景，从业务场景匹配程度和供方资信两个角度，重点分析市场中的主要服务提供方，综合确定该类服务产品的首个服务提供方；同时确定意向消费方；上述工作完成后，形成可执行的构建计划，设计期运营业务过程和模型如图 4-12 所示。

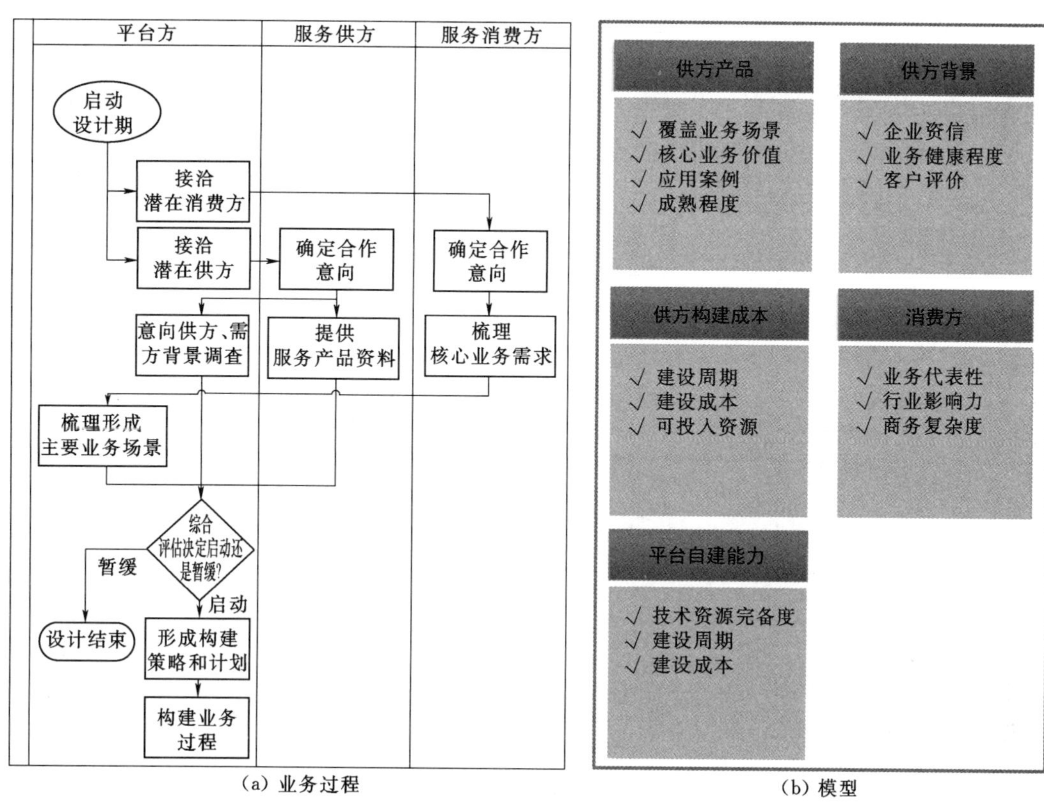

图 4-12 设计期运营业务过程和模型

设计期运营业务过程中的核心活动是通过综合评估，确定该类服务产品的构建策略。评估模型主要包括供方产品、供方背景、供方构建成本、平台自建能力与成本、消费方评估等几个维度。

4.2.2.3 构建期运营

构建期的运营重点是协调平台对服务产品的技术支持；在服务产品的设计、开发、用户体验等关键节点上，与服务提供方协同，监控服务产品质量；协同服务提供方与试点消费方，进行试点实施，跟踪实施进程；在服务产品发布前进行综合评估，从产品质量、试点效果、实施能力、支持能力等方面，综合决定服务产品能否上线。规划期运营业务过程和模型如图 4-13 所示。

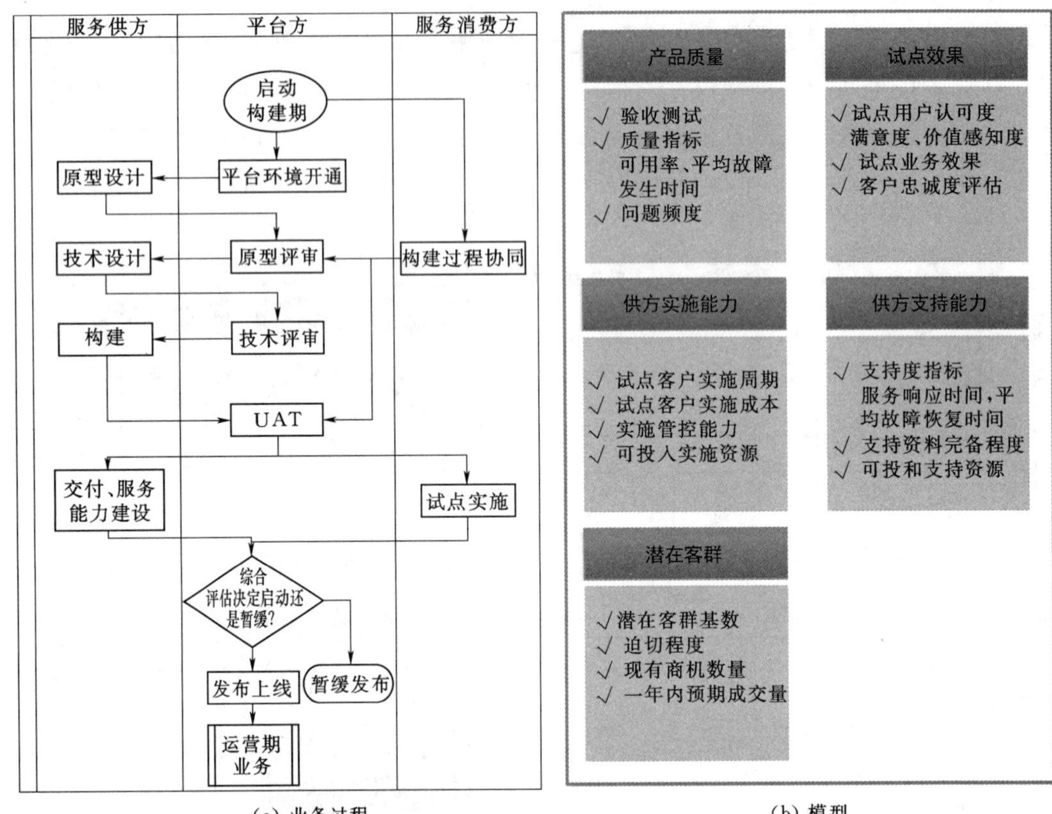

(a) 业务过程　　(b) 模型

图 4-13　规划期运营业务过程和模型

构建期运营业务过程中的核心活动是对于已构建产品是否能够发布上线进入正式运营期进行评估。评估模型主要包括产品质量、试点效果、供方实施能力、供方支持能力、潜在客群等几个维度。

4.2.2.4　运营期

运营期的运营重点是维持正常的运营机制，扩展更多的服务消费方和同类服务提供方，并对使用服务产品的客户进行支持和服务。

4.2.2.5　退出期运营

退出期的运营重点是在行业业务环境发生变化的条件下，服务产品业务价值衰减，甚至不再存在，运营中需要及时识别，从服务产品的使用数据上进行综合评估，决定产品是否进入退出期；如果决定退出，在保证现有客户使用基础上，不再进行其他方面的投入。退出期运营业务过程和模型如图 4-14 所示。

退出期运营业务过程中的核心活动是对该类服务产品当前状态的评估，本质上是对已经发布上线的该类服务产品持续跟踪客户的使用状态。退出评估模型包括用户活跃度、业务增长、盈利水平、业务价值、行业竞品等。

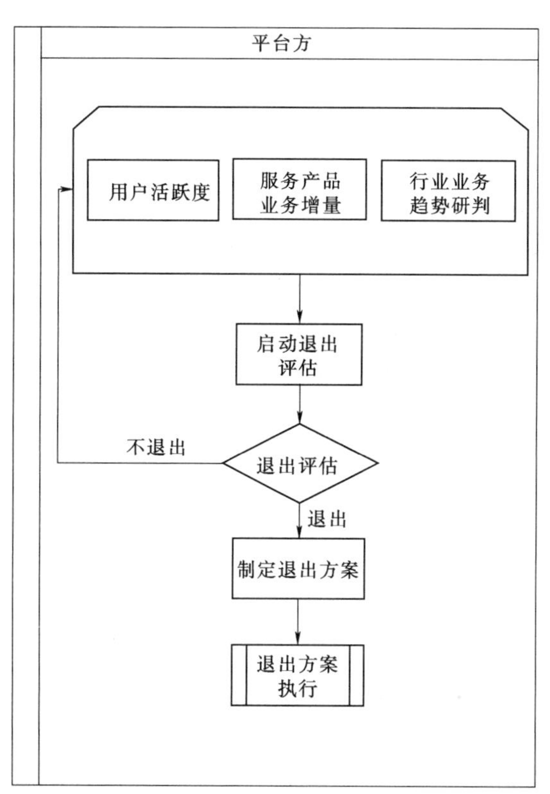

(a) 业务过程

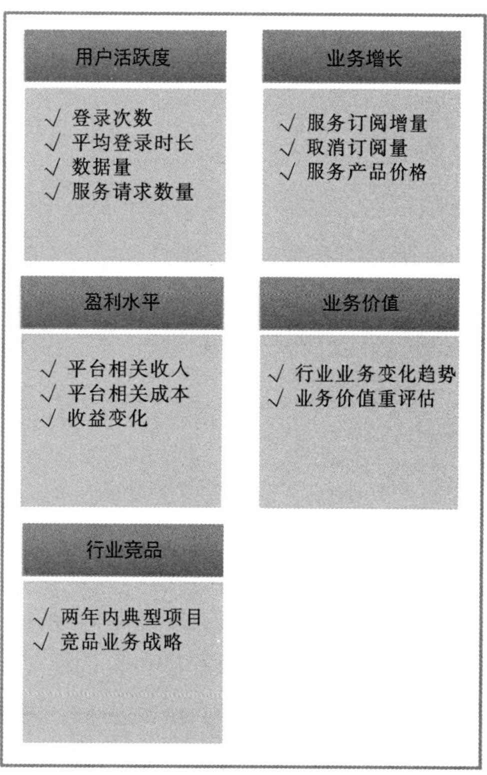

(b) 模型

图 4-14 退出期运营业务过程和模型

4.2.3 平台客户运营

4.2.3.1 平台客户运营分析

在创新平台中，虽然绝大多数的服务提供方和服务消费方都是企业客户，但是在今天的互联网条件下，客户的运营方法和手段已经不是传统的企业端客户运营方法，互联网条件下的企业端客户运营思路如图 4-15 所示。这种变化主要体现在以下四个方面：

1. 更大的客群范围

传统的企业端运营中，习惯于锁定目标客户群体，有针对性地进行营销活动，过滤目标客户，进行重点销售。但是，在互联网条件下，需要运营的客户群体已经超越了传统的目标客群范围，由于传播效应的放大，也许与非目标客户的接触会带来潜在的客户。特别是创新平台服务提供方的运营中，其可能面向的是分布非常广泛的开发团队，只有通过社会化的传播方式，才能实现更多的触达，然后建立链接。

2. 不仅是企业端更是客户端

创新平台的客户运营，虽然表面上是对企业端的运营，但是必须明确的是，本质

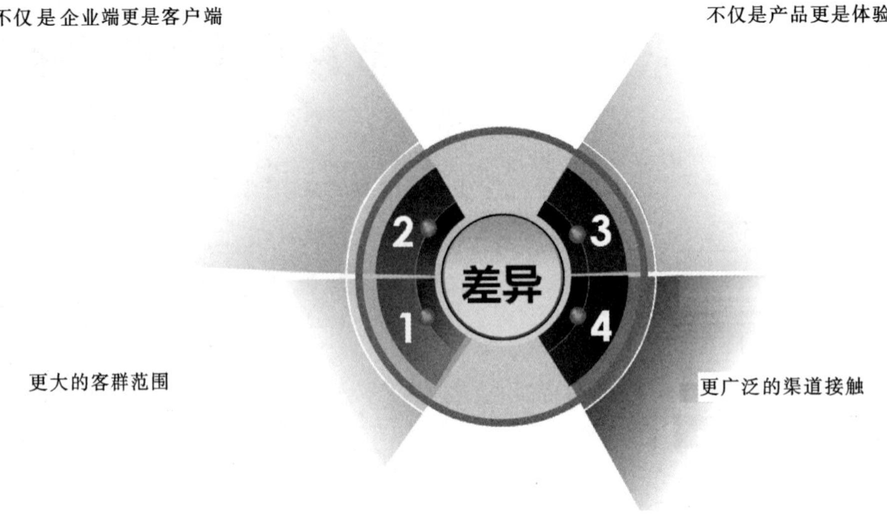

图 4－15　互联网条件下的企业端客户运营思路

上仍然是对客户的运营。决定是否使用服务产品的是人，直接使用服务产品的用户也是人，他们对服务产品有最直接的感受。特别是在互联网的条件下，基于社交网络的用户可以更方便地接触到产品信息，同时也可以更方便地扩散对产品的使用感受。因此，创新平台的运营要关注客户端人的运营。

3. 不仅是产品更是体验

传统的运营过程中，特别强调产品本身以及相关支持服务带给客户的业务价值，认为这是客户选择的根本驱动力。但是，在今天互联网的条件下，客户从与产品提供方的初次接触开始，就在不断感受着，还没开始使用产品，就开始体验产品提供方的方方面面，就开始感受对方是不是真的懂我；这种体验甚至小到一次营销活动中的宣传册是否足够精美。因此，创新平台的运营需要时刻关注客户体验。

4. 更广泛的渠道接触

传统的企业对企业（B2B）业务的客户运营，与客户的接触渠道更多的是在线下，在服务过程中，会应用呼叫中心等接触渠道；但是在当今互联网条件下，与客户方的接触渠道变得越来越多，除微博、微信、官网等自有接触渠道之外，还有大量的第三方渠道，如媒体渠道等。因此，创新平台的客户运营需要综合应用各种接触渠道，提供跨渠道的一致体验。

创新平台的客户运营应当充分借鉴互联网条件下企业端客户运营的思路和方法。

4.2.3.2　平台客户运营思路

近年来，不仅是互联网行业，甚至越来越多的传统企业在客户关系管理的方向上，围绕客户生命周期研究、实践如何提升客户体验。因此，创新平台的客户运营，也应该围绕平台客户的生命周期去展开，分析和梳理每个阶段的运营重点和相应的典型运营方法。

如前所述，创新平台的客户不仅仅是服务的使用方，同时也是服务的提供方。从客户的视角，结合创新平台的业务模式，可以让平台各方用户建立联系、产生需求、评估选择、下单（决定使用平台）、开通服务、正常使用、接受支持服务、更多地使用服务或者推荐给他人。这样的八个阶段，构成了客户生命周期的闭环过程。从创新平台的角度，可以把平台客户的生命周期归纳为链接、转化、服务、信任四个阶段。创新平台客户生命周期如图 4-16 所示。

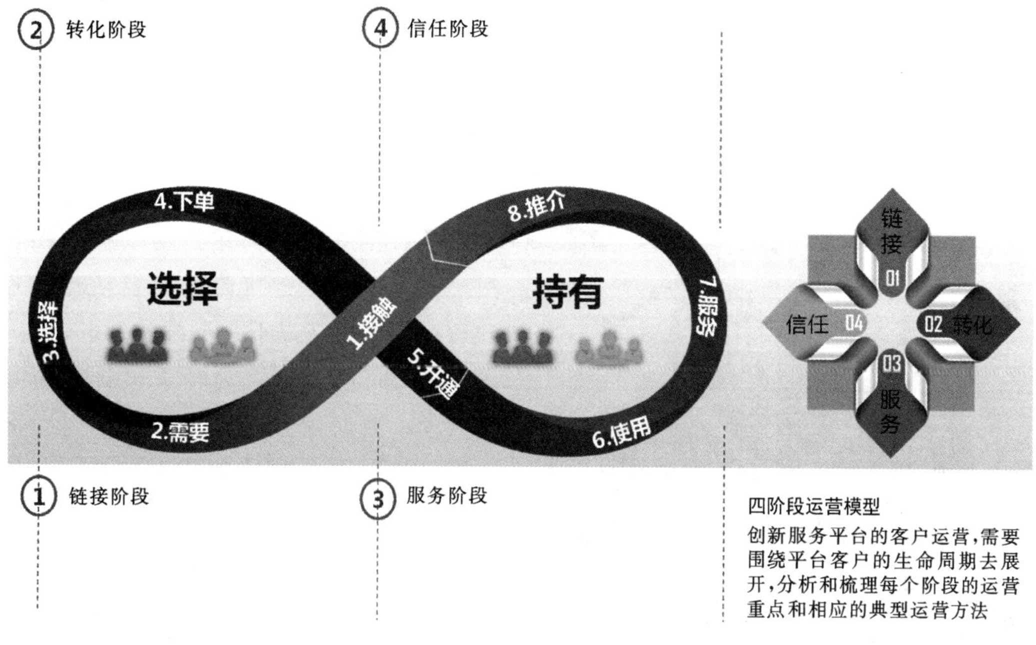

图 4-16　创新平台客户生命周期

1. 链接阶段

链接阶段作为客户生命期的初始阶段，运营关注的重点是利用各种可能的运营手段，创造与客户接触的机会；向客户传递恰当的信息，吸引客户，综合利用各种接触渠道与客户建立链接；适当互动并保持与客户的链接，收集客户的需求。这个阶段具有明显的客户端运营特征，可以采用相当多的客户端运营方法和手段。

2. 转化阶段

转化阶段运营关注的重点是：根据平台服务产品运营需要，结合识别出的平台客户需要，形成业务机会；基于有效的销售方法论，制定销售转化策略，跟踪执行，最终完成转化。这个阶段具有明显的企业端销售业务特征，可以采用成熟的企业端销售方法。

3. 服务阶段

服务阶段运营关注的重点是：在平台客户确定基于平台构建服务产品或者使用平

台上的服务产品后，平台为客户方开通服务；在使用期间，综合应用各种接触渠道，及时响应客户使用中遇到的问题，保证客户正常使用。特别是对于非平台提供的服务产品，需要协同服务供方，为客户提供标准一致的服务体验。

4. 信任阶段

信任阶段运营关注的重点是：使平台客户经过一段时间的使用，满意平台提供的支持服务；通过各种运营方法和手段，综合提升客户体验，加深客户对平台的情感和信任，促使客户使用更多的平台服务产品，或者把服务推介给他人。

4.2.3.3 链接阶段的运营

链接阶段的客户运营，目的是与更广泛的客户群体接触、建立链接、传递信息。这个阶段运营开展的基本工作是不断推出一系列的运营活动。

1. 运营活动模型

运营活动是根据当时的平台客户群状态有针对性地设计的，可能是一次性的，也可能是长期持续的。运营活动模型图如图4-17所示。链接阶段运营活动的设计和执行需要从以下八个维度考虑。

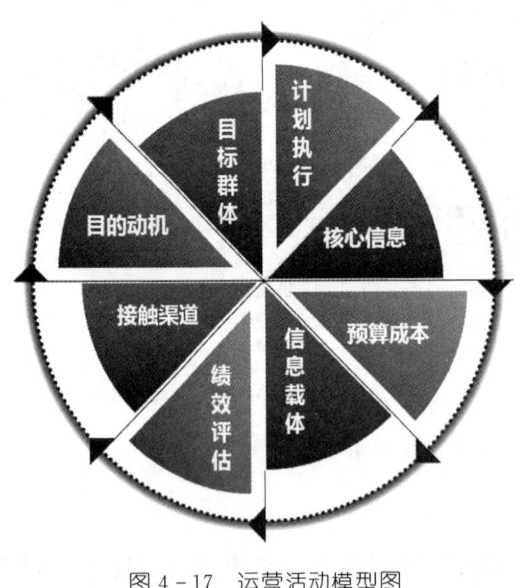

图4-17 运营活动模型图

（1）目的动机：为什么设计这个运营活动，要解决什么问题，例如需要解决当时与平台有链接的特定服务产品提供方数量不足的问题。

（2）目标群体：这个运营活动主要面向谁，是希望与哪个群体接触？例如可以组织一次大数据分析建模活动，主要目标群体可能包括行业内应用开发团队、院校科研团队等。

（3）计划执行：运营活动的执行计划、关键步骤和执行节点。对于长期执行的活动，可以分阶段或者分周期制定执行计划。例如一次论坛活动的执行计划，包括什么时间媒体预热、什么时间嘉宾邀请等。

（4）核心信息：任何一次与客户的接触，都是传递信息的过程。核心信息一般可以分为与品牌价值相关的信息和与产品价值相关的信息。例如一次服务产品发布会，主要传递与该产品价值相关的信息。

（5）预算成本：任何的运营活动都需要有预算和成本的考量，活动形式不同，成本构成也会不同，例如线下的物料、场地费用，线上的渠道费用，都是典型的成本。

（6）信息载体：信息载体是指运营活动中以什么形式传递核心信息，活动中的信息载体一定是通过多种形式综合运用的，可能包括线下的宣传单册、张贴海报；也可能包括线上的公众号图文消息、新闻通稿等。

（7）绩效评估：活动的绩效基于对目的动机的量化，评估活动达成的效果。不同的目的动机会有不同的绩效指标，例如以简单的产品宣传为目的的内容运营型活动，可以以内容的阅读量作为绩效衡量。

（8）接触渠道：接触渠道考虑的重点问题是在运营活动中，通过怎样的渠道可以触达目标群体。可能的接触渠道包括线下的协会、联盟，线上的呼叫中心、微信公众号等，可以重点考虑利用第三方的接触渠道。

结合一个实际的运营活动，来看一下链接阶段运营活动的设计。假设背景为“设备健康管理”的应用服务产品已经通过构建期试用，正式发布上线。但是该服务产品还不为大多数人所知，购买该服务产品的潜在客户群体数量不足。因此，决定策划一个“设备健康管理”服务产品发布会。该活动的运营活动模型示例如图4－18所示。

目标动机	目标群体
希望通过这次产品发布会，让更多的客户了解这个服务产品，并生成一定数量的销售线索	清洁能源发电的业主和运营商是主要的目标客户，包括中高级管理层、专业技术人员、生产运维一线的人员
计划执行	**核心信息**
(1)内容制作、渠道整理、嘉宾邀请。 (2)通过媒体发出活动邀请。 (3)活动现场执行。 (4)活动结束，总结内容的制作与发布	希望传递的核心信息聚焦在“设备健康管理”这个服务产品的价值，希望从产品的应用场景、业务价值、研发历程、试点效果等方面进行
预算成本	**信息载体**
渠道…… 嘉宾…… 场地…… 餐饮…… 单册…… 短视频……	(1) 预热阶段，公众号图文、邀请函、短视频。 (2)执行阶段，产品单页、产品海报。 (3)活动结束后，公众号图文、新闻通稿、短视频
绩效评估	**接触渠道**
官方公众号图文阅读量； 参会人员数量、企业数量、新企业数量； 新增销售线索数量 ……	预热阶段：官网、官方公众号、官微、呼叫中心＋邮件、行业协会、第三方自媒体、行业大V。 执行阶段：活动现场。 结束后：官网、官微、官方公众号、主流媒体、第三方自媒体

图4－18　运营活动模型示例

2. *典型运营活动*

运营活动的典型形式概括起来可以分为三类：①内容运营，以内容的制作传播为主，目的是向客户群传递信息；②活动运营，以活动的策划执行为主，也包括参与第三方的活动，目的主要是发掘销售线索；③社群运营，与特定的客户群体保持长期的联系与互动，目的是进行长期持续的互补合作。典型运营活动如图4－19所示。

图 4-19 典型运营活动

三类典型的运营活动形式之间没有绝对的区分，在具体的运营活动中会综合运用，例如活动运营中一般会包括多次的内容运营，社群运营过程中会包括多次的活动运营。

4.2.3.4 转化阶段的运营

创新平台的客户，无论是服务的提供方还是服务的消费方，从属性上看，绝大多数都是企业。因此，转化阶段的运营，本质上是对企业（B 端）的销售或者业务的拓展过程。在转化阶段运营过程中，应当充分借鉴 B 端客户销售的方法论，建立自己的销售过程方法。

1. 销售过程

首先需要确定的是销售阶段的划分和匹配的赢单可能性，目的是一方面规范指导销售工作过程；另一方面从销售管理的角度上监控销售过程、发现问题并及时应对。转化阶段销售过程如图 4-20 所示。

通用的销售过程一般可以概括为：从销售线索开始，通过校验、发现、建议、证明几个阶段，直至最后结束的过程；基于这个通用的过程，结合平台的实际业务情况，制定自己的销售阶段划分，销售阶段划分的依据是要以客户方的典型活动作为依据，建议的阶段划分为确认商机、发现需求和决策机制、建议解决方案、验证解决方案、赢单；针对每个销售阶段，考虑基于竞争的风险，可以确定每个阶段匹配的赢单可能性范围。

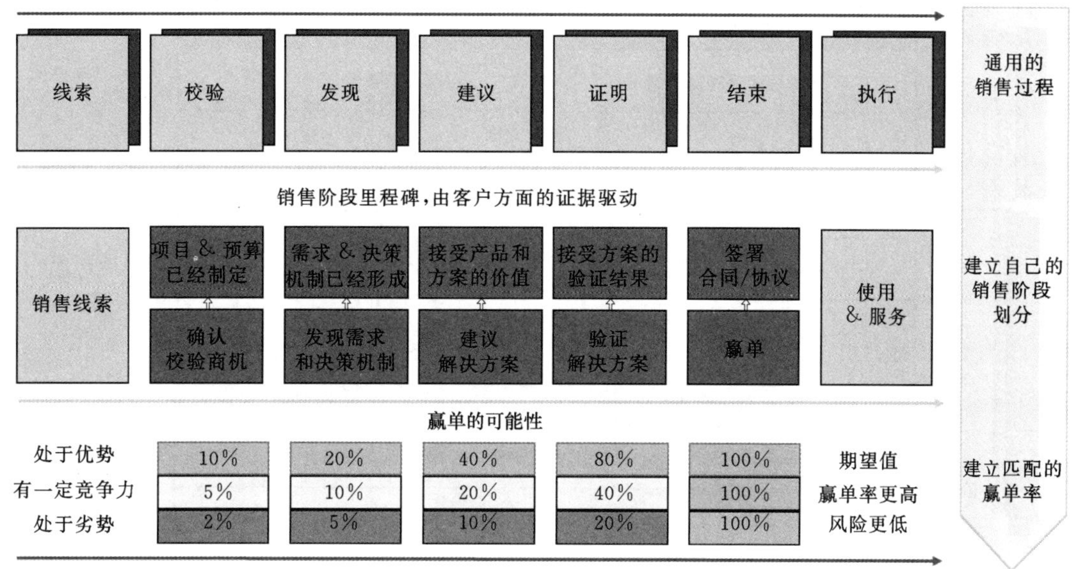

图 4-20　转化阶段销售过程

需要注意的是，销售阶段的划分和赢单可能性，需要结合实际业务开展情况进行调整。

2. 销售管理

从企业端销售方法论的角度来看，销售阶段和对应的赢单可能性范围确定之后，就为销售的管理奠定了良好的基础。销售管理可以从两个视角展开。

（1）销售代表的视角：此视角的核心是商机的管理，销售代表按照销售阶段管理自己负责的每一个商机，根据竞争情况确定赢单的可能性。

（2）销售主管的视角：此视角的核心是销售管线的管理，所谓销售管线，可以理解为所有销售代表负责的商机，按照所处阶段和可能性的一个分布汇总。开始阶段的商机数量很多，随着阶段的延伸，商机数量越来越少，呈现漏斗形状。在销售管线的每一个阶段上，可以根据商机和赢单可能性，得到该阶段对应的销售输入，对比销售目标，发现问题。存在的明显问题就是前两个阶段的任务完成情况不理想，需要通过营销活动发现更多的销售线索。

3. 商机评估

商机评估是企业端销售过程中最常使用的评估。商机评估图模型如图 4-21 所示。这个评估模型通过四个维度的 20 个问题，来综合评价一个商机的当前健康状况。

评估的维度包括：

（1）这个商机客户的基本业务和财务情况等，以此来衡量这个机会是否成立。

（2）在这个机会中当前的状态，包括需求的满足程度、关系现状、资源现状等，

是机会吗？	
1	客户项目背景和需求情况
2	客户业务状况
3	客户财务状况
4	资金到位情况
5	不确定因素和事件

竞争优势？	
6	标准决策依据
7	产品满足需求的程度
8	所需销售资源
9	当前关系
10	一致的价值认同

如何赢？	
11	客户关系状况
12	管理层倾向
13	文化差异
14	客户决策流程和标准
15	政治因素

是否值得去赢？	
16	短期收入
17	长期收入
18	利润率
19	风险评估
20	战略价值

图 4-21　商机评估图模型

以此来衡量当前是否有竞争优势。

（3）如何做可以形成更大的竞争优势，例如如何影响客户的选择倾向和决策流程等。

（4）评估收益与风险，结合需要的资源投入，来综合决定是否要继续跟进以赢取这个机会。

商机评估贯穿整个销售过程，在商机进入到每一个新的销售阶段时以及在需要投入新的支持资源、申请特别的价格策略时，都需要一线的销售人员回答这个模型中的一系列问题，与管理层一起进行这样的综合评估，来决定下一步的行动。

4. 影响力识别

影响力识别也是企业端销售过程中常用的工具方法，目的是在目标客户复杂的决策体系中，识别出关键的节点，确定销售工作的重点方向，有效影响项目的关键决策者。影响力分析模型示例如图 4-22 所示。

在影响力识别过程中，首先分析目标客户内部项目相关人员的参与角色、个人风格、当前态度、接触深度。影响力分析模型各个维度解释如图 4-23 所示。

影响力分析的关键工作是识别项目中各相关人员之间的影响力。必须注意的是，影响力连线不一定会按照组织结构的汇报关系，往往是跨级别或跨部门的。

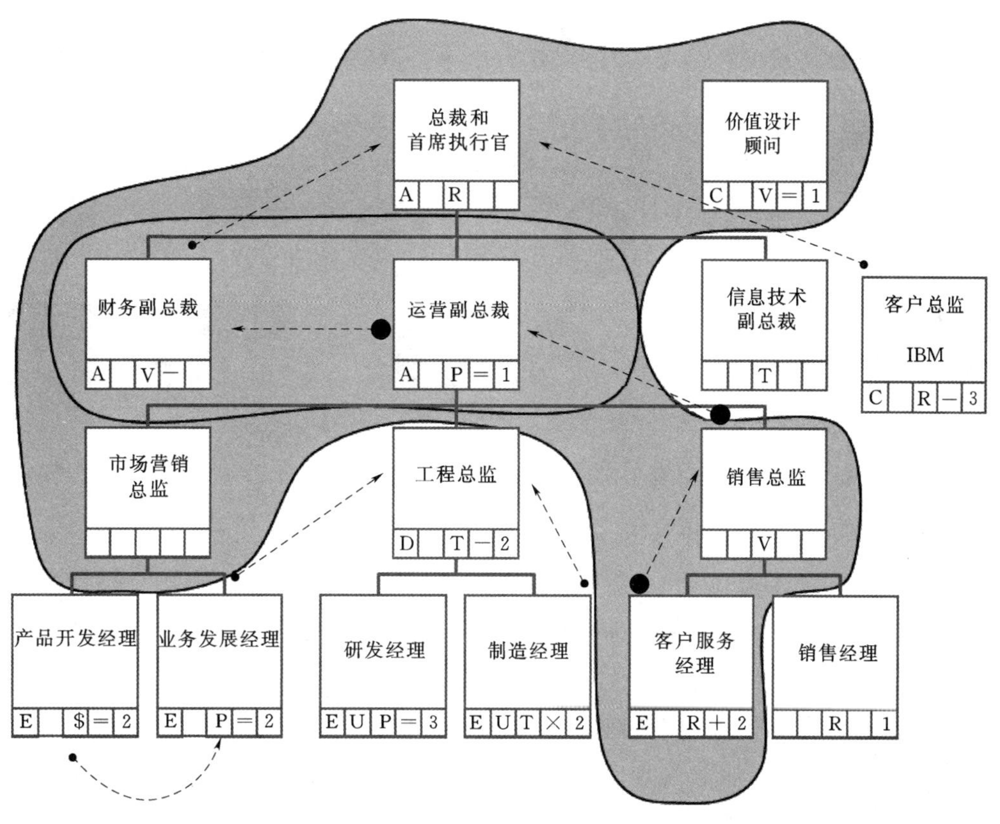

图 4-22 影响力分析模型示例

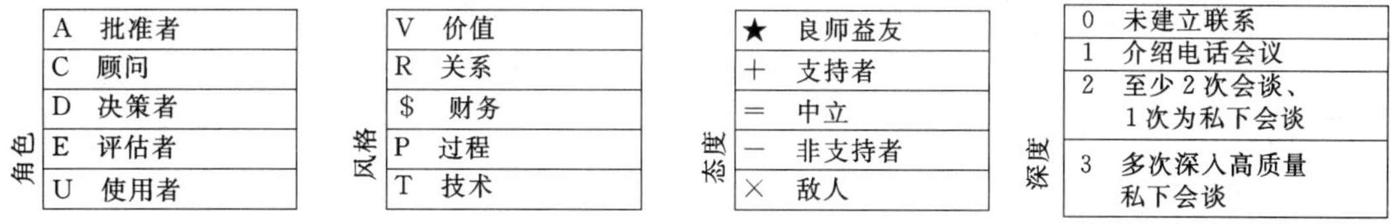

角色	
A	批准者
C	顾问
D	决策者
E	评估者
U	使用者

风格	
V	价值
R	关系
$	财务
P	过程
T	技术

态度	
★	良师益友
+	支持者
=	中立
−	非支持者
×	敌人

深度	
0	未建立联系
1	介绍电话会议
2	至少2次会谈、1次为私下会谈
3	多次深入高质量私下会谈

图 4-23 影响力分析模型各个维度解释

4.2.3.5 服务和信任阶段的运营

1. 服务需求响应

服务阶段和信任阶段的运营，核心业务是对客户服务需求的响应。服务需求响应业务过程如图 4-24 所示。结合创新平台的业务特征，可以把对客户服务需求响应的过程分为服务受理、服务管理、服务交付三个阶段来考虑。

(1) 服务受理阶段。服务受理阶段的发起方是创新平台的客户。这个阶段的运营重点在于为客户方提供全渠道的一致体验。一方面，服务受理的渠道应该能够覆盖呼叫中心、移动端 APP、官网、社交媒体（微信、微博等）、邮件、线下场景等常用的主流渠道；另一方面，在任何渠道上，应该能够提供给用户一致的体验，比如对客户

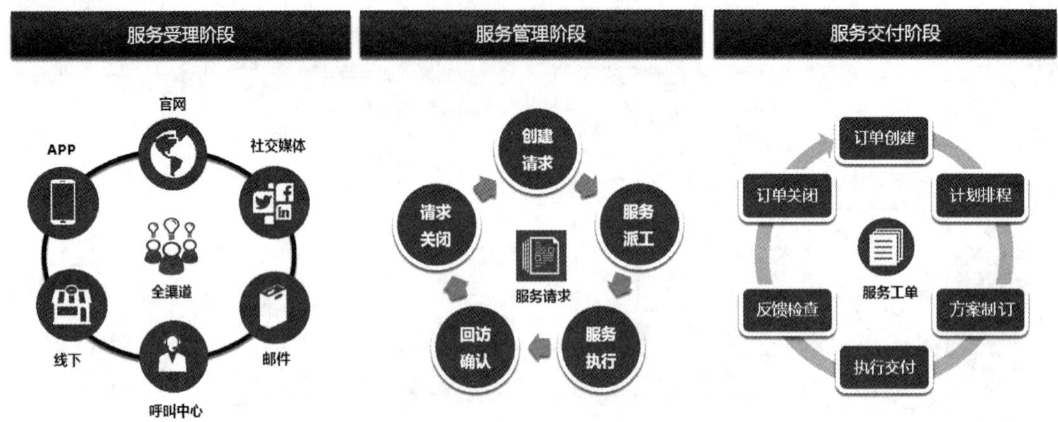

图 4-24 服务需求响应业务过程

信息、应用的产品信息、服务历史、当前服务进度等信息应该在所有渠道上保持一致。

(2) 服务管理阶段。服务管理阶段的运营是以服务请求为核心的。典型的服务请求生命期包括创建请求、服务派工、服务执行、回访确认、请求关闭五个阶段。不同的服务请求处理过程不同。服务请求的处理由平台服务团队统一负责，根据请求涉及的不同产品进行派工。服务管理阶段的运营重点是“首次联系解决率”，特别是不涉及后续修复的简单使用类问题，应当在首次联系中予以解决。

(3) 服务交付阶段。服务交付阶段主要面向相对复杂的问题修复、服务开通等业务。这个阶段的运营以服务订单为核心展开。典型的服务订单生命期包括订单创建、计划排程、方案制订、执行交付、反馈检查直至订单关闭。原则上，订单的责任方涉及产品的提供方，平台服务产品由平台直接负责。在实际运营过程中，建议平台上所有的服务产品提供方应派有驻场维护人员。

2. 统一知识库

创新平台的业务特征决定了在运营阶段，客户的服务请求会有非常大的比例集中在不涉及修复功能的使用类问题上。客户对于解决此类问题的时效性、便捷性要求会特别高。

近年来，业界在客户服务运营中会普遍采用应用文本解析和搜索技术的跨渠道统一知识库来应对客户对时效性、便捷性、一致性的要求。较早应用知识库的苹果公司，坐席查找信息速度提升 47%，大幅缩短电话平均处理时长、提升首次接通率，用知识库支撑的自助服务每天有超过 200 万的客户发起搜索。统一知识库应用如图 4-25所示。

由图 4-25 可知，知识库在不同渠道上可以有不同的应用场景，在官网上可以用知识库支持客户自助服务；在呼叫中心支持坐席查找问题解决方案；在社交媒体上可

图 4-25　统一知识库应用

以链接客户社群交流平台，以论坛的形式提升客户参与度。

在创新平台的客户服务运营过程中，建议开始就着手建立统一的知识库平台。对于平台上的服务提供方，其服务产品发布时就要求具备相对完备的产品使用文档、问答中心等作为知识来源。包括平台本身，对于支持第三方开发的数据访问、接口服务访问等说明文件，也应该早期就纳入知识库。

3. 主动客户关怀

服务和信任阶段的运营在基本问题的响应之外，从客户关怀的角度可以进行更多的主动式运营。主动客户关怀典型活动如图 4-26 所示。

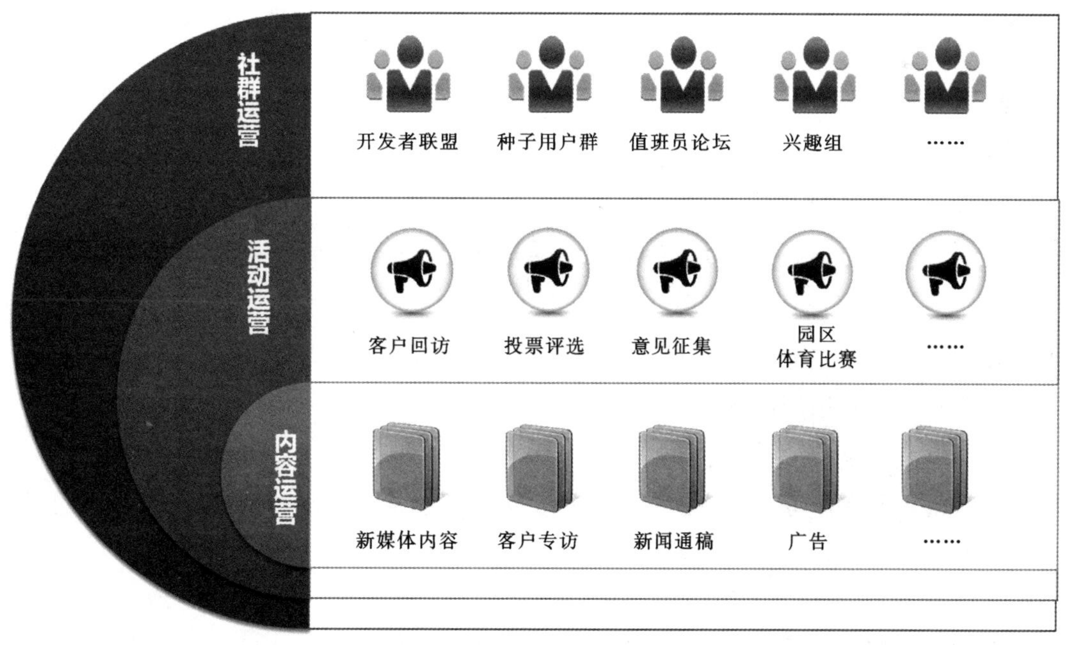

图 4-26　主动客户关怀典型活动

在服务和信任阶段，客户已经开始使用平台和服务产品，大量的用户作为使用者已经与平台建立了更为紧密的链接。与链接阶段的运营相似，主动客户关怀的运营也是针对人的运营，会以运营活动的方式展开，活动策划设计的维度基本一致；区别在于，客户关怀的运营活动，目的是提升用户的活跃度、参与度、满意度，与用户建立信任关系，最终形成客户忠诚度。

4.2.4 运营体系路线

运营体系建设路线基于总体规划中的阶段划分，即构建实证、优化提升、稳步成长。下面从平台客户运营、服务产品运营两个方面，分别规划各阶段的主要工作。

4.2.4.1 平台客户运营

1. 构建实证阶段

构建实证阶段包括初步形成链接阶段方法论体系，具体操作的运营活动以产品宣传、产品推介类为主；开始构建销售方法论体系，销售过程能够初步跟踪管理；初步形成服务阶段的服务请求、服务工单流程体系，满足客户问题响应需求；启动知识库构建；在渠道方面，建设官网、微信公众号、呼叫中心。

2. 优化提升阶段

优化提升阶段包括完善链接阶段方法论体系，具体操作的运营活动类型相对全面；初步形成销售方法论体系，有能力对销售过程进行管理，销售方法相对规范；完善服务阶段服务请求、工单流程体系；完善知识库；尝试主动关怀型的活动运营；在渠道方面，建设微博、知乎等社交媒体渠道。

3. 稳步成长阶段

稳步成长阶段包括完备链接阶段方法论体系，能够根据运营情况，按需操作各种类型的运营活动；销售过程、方法管理规范、透明、可控；服务阶段流程体系完备，知识库完备，有能力按需操作各种类型的主动关怀活动；在渠道方面，基本覆盖主流渠道。

4.2.4.2 服务产品运营

产品运营需要经历以下3个阶段：

1. 构建实证阶段

初步形成平台服务产品在规划、设计、构建期的执行流程和评估模型；保证首批服务产品上线。

2. 优化提升阶段

完善平台服务产品在规划、设计、构建期的流程体系和评估模型；有能力识别新的服务对象和业务需求，并且完成产品构建。

3. 稳步成长阶段

平台服务产品运营指完备包括退出期在内的整个方法论体系。此阶段应有能力根据业务变化，自主完成一个服务产品的全寿命期运营。

4.2.5 运营服务模式探索

4.2.5.1 运营服务模式

1. 资源租赁模式

资源租赁模式主要是指清洁能源大数据创新平台向各类用户企业提供办公、网络、大数据等基础服务；用户企业根据时间、用量或者规格缴纳费用的一种服务模式。

采用资源租赁模式向发电企业提供的服务内容主要包括：①场地服务；②网络通道服务；③计算资源服务；④存储资源服务。

2. 增值服务模式

增值服务模式主要是指智慧运营平台向平台用户企业提供数据源服务、数据分析处理服务和数据应用服务等相关数据增值业务；用户按需选择企业发展所需的增值服务，并按照业务量、服务使用次数等方式缴纳费用的一种数据服务模式。

采用增值服务模式向发电企业提供的服务内容主要包括：①数据开放服务；②设备集中监控服务；③气象及功率预测服务；④设备健康管理服务；⑤设备资产管理服务；⑥设备运行指标分析服务；⑦电站评估服务。

3. 定制开发模式

定制开发模式主要是指按照用户的要求，在智慧运营平台上，对用户企业定制开发各种应用；用户企业按照定制工程量缴纳开发运维费用的服务模式。

采用定制开发模式向发电企业提供的服务内容主要包括：①设备监控系统开发；②运行管理系统开发；③资产管理系统开发；④设备健康管理等系统的开发。

4. 线下增值服务模式

线下增值服务模式是指利用线上的交易或数据，提供线下的增值服务，如线下服务的评估、管理、市场及渠道资源，保证清洁能源服务的质量效果。并且向关联方收取费用的服务模式。

4.2.5.2 供应商合作模式

1. 服务采购模式

服务采购模式是指清洁能源大数据创新平台根据平台的建设和业务发展需要向供应商采购服务并支付维护费用的模式。这类模式的服务主要包括基础软硬件平台建设和运维、通道建设和运维等基础设施建设服务。

2. 盈利分账模式

盈利分账模式是指在业务设计体系框架下，服务提供商通过平台竞争机制，向用户提供收费服务并按照一定比例和平台分成的模式，采用这类模式的服务主要是各类数据增值服务。

业务流程体系是运营得以开展的依据，以运维管理为基础构建清洁能源大数据创新平台业务流程，配合各职能管理部门，例如市场，销售、财务、人力资源、供应管理等，实现业务流程的标准化、规范化，业务流程体系图如图4-27所示。

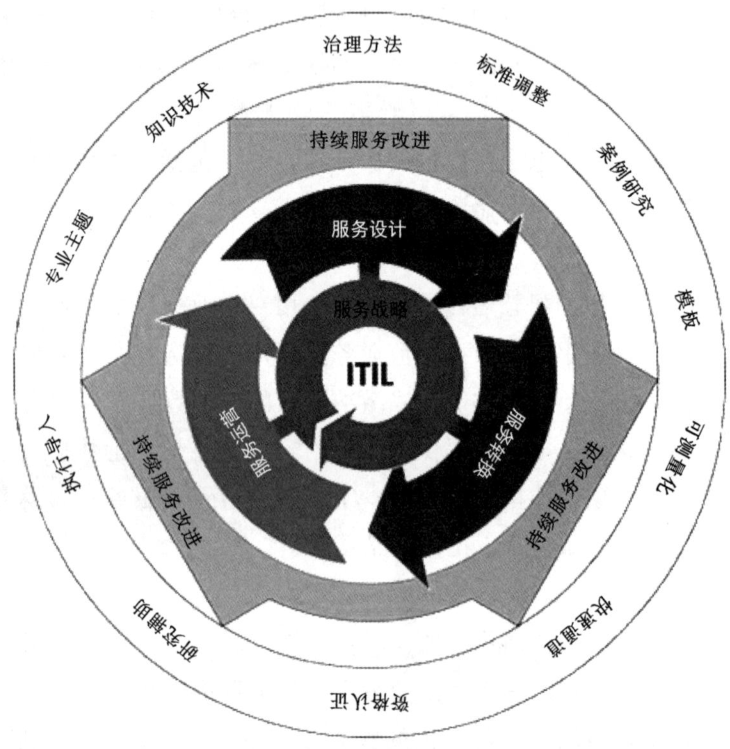

图4-27 业务流程体系图

第5章

清洁能源大数据支撑的生产服务

5.1 无人值班模式

依托大数据创新平台集控中心（线上）+运检中心（线下）相结合的集中监控管理，实现清洁能源电站“无人值班，少人值守”的运行模式。集控系统应遵循《电力二次系统安全防护总体方案》（电监安全〔2006〕34号）“安全分区、网络专用、横向隔离、纵向认证”的总体要求，从操作系统安全、数据库安全、安全监视、身份认证、安全授权、网络和安全设备、性能指标等方面建立系统纵深防御体系，提高系统安全防护水平。

为全面推进清洁能源创新园区集控业务，指导开展清洁能源电站“无人值班、少人值守”（简称“无人值班”）工作，以规范清洁能源集控中心和无人值班电站建设，提高运维管理能力，保障清洁能源电站安全、可靠运行。

5.1.1 概述

集中监控是无人值班实施的前提，其中包含了数据采集、状态监测、远程控制和告警等功能，通过“无人值班，少人值守”的集中监控模式，将推动整个行业向数字化转型。我国内蒙古、新疆、甘肃等地的清洁能源企业，以及中东、非洲等清洁能源富集地区，同样面临分布散、地域偏、环境差、运维难、成本高等共性问题，都具有推广价值。

近年我国对清洁能源市场补贴政策逐年收紧，电价持续下调，清洁能源企业投资资金回收周期延长，企业经营压力大；而清洁能源电站总体呈现点多面广的特点，自然环境极其恶劣，难留人、留人难，清洁能源企业面临人才缺失的困境；清洁能源企业生产管理部门无法实时掌握电站运行情况，生产指令无法得到及时有效执行和反馈，企业生产决策难；电站建设成本高、人力资源成本高、运维成本高，造成清洁能源企业整体生产成本高。清洁能源企业迫切需要通过管理改革和运维模式创新来应对当前面临的困难和问题。为加快清洁能源产业创新发展，落实国家能源转型和大数据战略部署，集中监控应时而生。

5.1.2 解决方案

无人值班流程图如图5-1所示。

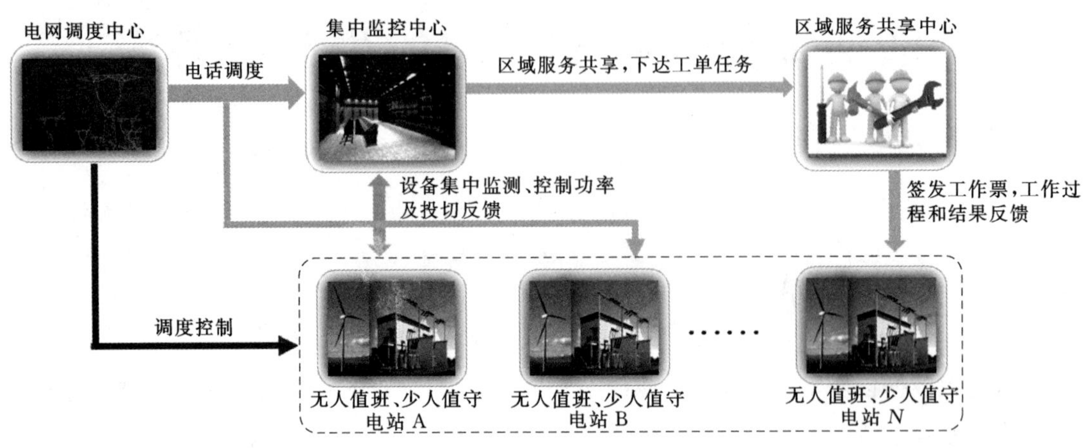

图5-1 无人值班流程图

1. 清洁能源全景建模

结合清洁能源基础档案信息管理、接入数据监测和统计、清洁能源设备监控等实际业务需求，确定各类清洁能源设备对象的完整属性，建立并划分清洁能源发电集团信息，为系统运行提供更直观的清洁能源管理信息和运行信息。清洁能源全景建模主要内容包括设备建模、场站建模、发电集团建模。

(1) 设备建模：设备建模是对风电场、光伏电站的主要设备属性进行详细建模，实现对发电设备运行状态、涉网参数信息的实时监测。

(2) 场站建模：场站建模是扩展现有场站模型，实现对场站基础档案信息、涉网信息、管理信息、场站接入点信息、发电预测信息和发电出力、受阻情况等运行信息的完整建模。

(3) 发电集团建模：发电集团模型是根据场站所属发电集团，建立场站与发电集团的关联关系，为实现各发电集团的清洁能源发电运行监测分析提供良好的数据基础。无人值班集控总览图如图5-2所示。无人值班发电集团建模总览图如图5-3所示。

2. 清洁能源数据标准化接入

清洁能源数据采用多源多类数据分类接入规范，实现清洁能源数据标准化交互。标准化清洁能源实时采集和非实时采集信息的接入，为清洁能源电站运行监控及智能分析提供数据支撑，无人值班集控业务数据流如图5-4所示。

3. 高安全级别

场站端及主站系统安全保护的总体原则为“安全分区、网络专用、横向隔离、纵向认证”，均在生产控制大区开展数据采集及远程监控。场站端采用与调度同安全级

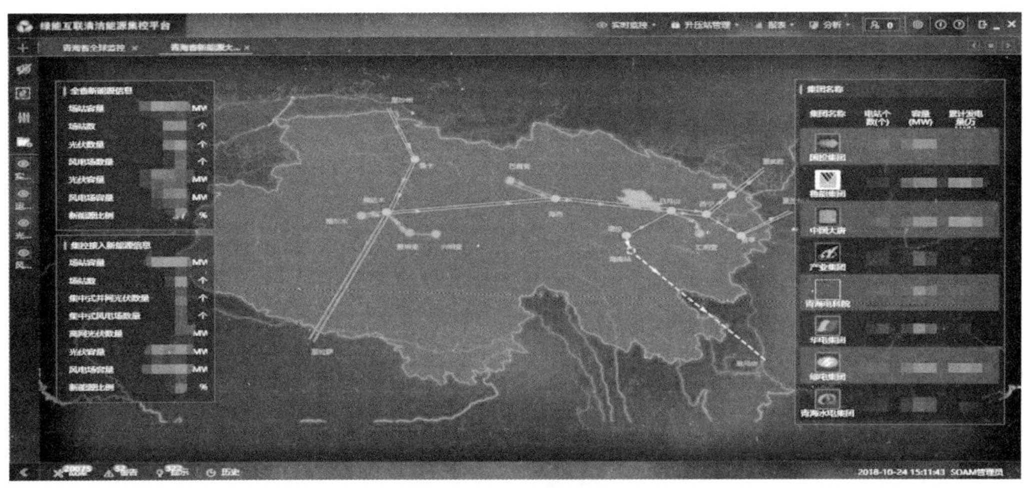

图 5-2　无人值班集控总览图

图 5-3　无人值班发电集团建模总览图

别、同设备类型的网络通道和安全设备，并采用独立于调度的集控专用远动装置进行数据采集和远程监控。主站端具备两套集控，两套集控相互独立，通过各自的主站前置分别采集清洁能源场站和分布式离线场站的数据，并且将数据通过正反向隔离装置转发到三区大数据中心。每个集控内部都采用热备方案，系统具有高可靠性。两套集控之间具有数据交互和控制仲裁服务。集控系统能够接受并转发监控应用下达的控制指令，实现对设备的远程集中控制。

4. 大数据技术保障

大数据技术保障首次使用 Hadoop 进行数据分布式存储，使用 spark 进行算法并行化运算，打破了原有的实时数据库和非实时数据库集控模式的限制，提高了实时数据的处理速度和规模，为大规模电站接入创造了条件。利用全量设备全生命周期数

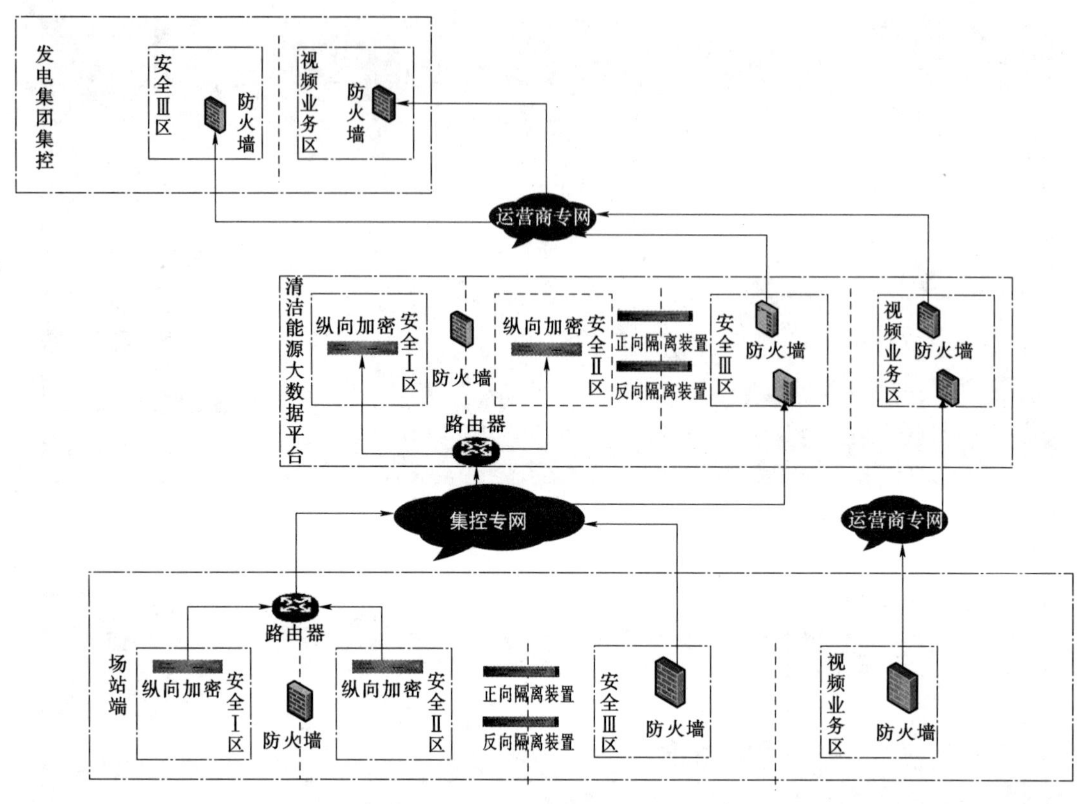

图5-4　无人值班集控业务数据流

据，从设备的运行状态出发，在大数据分析平台上对设备运行的可靠性、故障预测进行分析。针对典型的清洁能源数据分析场景（设备状态评估、设备异常模式检测、故障诊断、故障预警等）提供模型数据，为大数据分析提供数据支撑。

5.1.3　实践效果

通过清洁能源大数据创新平台电站智能集中监控APP，清洁能源电站人员可在手持设备上随时随地查看发电设备的运行状态、气象环境等情况，展开设备维护活动；提前知道发电设备可能的故障和运行薄弱环节，及时处理，恢复发电设备健康稳定运行，避免或减少设备损坏、损失；比较电站实时发电效益、发电设备性能等，合理安排未来维护工作，有效配置运维人力物力，使电站收益最大化，提升清洁能源并网安全可靠性，提高电网安全稳定运行水平。实践效果具体体现在以下方面：

1. 降低了电站基建成本

通过集中监控，可降低每座电站基建成本约200万元。依托区域检修中心有效整合资源，电站不再单独建设办公室、会议室、厨房等运维生活设施，如50MW风电站原本需要建设$1200m^2$的生活建筑，在接入集中监控运行后实际建设$300m^2$。平均每个电站生活建筑面积降低70%以上，每座电站基建投资直接节省约200万元。

2. 降低了电站运维成本

通过集中监控，每年单个电站降低运行成本约50万元。原有电站人员在实现集控后分别到区域运检中心和集控中心开展工作，节省人力分摊到单个电站2～4人，按照清洁能源电站人工成本约12万元/人计算，单个电站每年可节省约36万元。电站车辆、冬季取暖、垃圾清运、化粪池清理、生活用电、办公成本等生活成本费用在原本的20万元左右降低至6万元左右，每座电站每年可节省成本费用约14万元。

3. 提高了企业职工队伍幸福感

集控中心的建设运营，大幅度提高了电站运行效率，并逐步减少了身处戈壁荒滩、高原沙漠的电站驻场人员数量，践行了“以人为本”的管理理念，进一步激励员工提高工作、学习的积极性、主动性和创造性，使运行队伍更加稳定，提升了运行人员幸福感。

4. 提升了清洁能源电站管理水平

通过电站智能集中监控，为开展区域规模化检修维护、合理优化资源配置、提高生产管理效率提供支撑，清洁能源电站不同人员可以通过手机监视掌握电站生产运行、经营管理情况。无人值班模式将当前分散式、扁平化的生产管理模式转变为区域化、集约化的精益生产管理模式，提高了生产效率，规范了作业标准，有效解决了管理主体过多、资源配置不合理、管理效率偏低、经济增长受限等问题，提升了清洁能源电站管理运营水平。

5. 节省了运维费用

已运行电站接入大数据中心涉及一次性改造费用，每座电站设备的一次性投资约40万元；按照电站容量规模，集控服务费每年10万～12万元。

以某一电站为例，即使不考虑人工成本增长率，电站建设运行5年后无人值班模式电站成本较传统管理模式电站成本节省404万元，平均电站每年可节省80.8万元，不同管理模式下的成本费用表见表5-1。

表5-1　　不同管理模式下的成本费用表　　单位：万元

管理模式	成本费用	第一年	第二年	第三年	第四年	第五年	小计	合计
传统模式	人工成本	96	96	96	96	96	480	1050
	生活成本	20	20	20	20	20	100	
	生活基建成本	470	0	0	0	0	470	
无人值班模式	分摊人工成本	60	60	60	60	60	300	646
	生活成本	6	6	6	6	6	30	
	生活基建成本	216	0	0	0	0	216	
	电站改造费用	40	0	0	0	0	40	
	集控年服务费	12	12	12	12	12	60	

5.2 集中功率预测

5.2.1 背景

目前各个清洁能源场站都安装有不同功率预测厂家的功率预测系统，场站的预测系统可以在一定程度上预测场站未来的发电出力情况。但对多年的实际运行情况分析后发现，场站预测系统存在一系列问题和情况，包括网络安全问题、数据质量问题以及故障维护处理不及时代价大、数据不统一导致计算有偏差、设备人员重复浪费等情况。上述问题严重影响电网安全及清洁能源电源的计划及消纳。高性能、精度的统一集中功率预测应从电站和电网两个使用者的角色出发，设计可以满足电站生产需求和电网计划调度需求的功能。

5.2.2 解决方案

集中功率预测运维管控系统在采用先进技术架构的基础上，应用多气象源优势和高性能计算资源优势，使功率预测准确率在平台运营期间有稳步提升。同时集中功率预测对比系统将所有接入平台预测厂家的功率预测结果、综合评分结果、准确率、上报率等数据通过统一的界面进行展示和对比，并进行不同维度的排名，以对不同功率预测厂家的预测结果进行统一对比和评估。系统提供风电、光伏分类对比，展示每种类型下不同模型对所有电站的短期、超短期综合评分对比，直观地比较预测曲线与实测曲线的差距。清洁能源场站可根据功率预测对比系统中各家预测的情况，在运营平台选购适合自己的功率预测服务提供商。

集中功率预测系统功能逻辑图如图 5 - 5 所示。集中功率预测系统包括系统首页、对比分析模块、上报管理模块、准确率走势分析模块、签约信息模块、系统管理模块等。在整个系统中，可以直观看到预测厂家综合评分排名、上报率统计、准确率统计等，各发电企业可实时监测本发电企业所有接入电站的预测曲线、上报率、上报文件实时状态等。各核心模块主要内容如下：

（1）对比分析模块提供了风电、光伏分类对比，展示每种类型下多个预测服务提供商对所有电站的短期功率、超短期功率的预测准确率对比。曲线分析可以更直观地比较预测曲线与实测曲线的差距，数据点列表方便进行详细的数据对比。

（2）上报管理模块包括了实时监测、上报历史查询、上报率统计等功能，提供各清洁能源场站的短期功率、超短期功率、理论功率以及风电机组/逆变器、测风塔/气象站等的信息和状态，以便出现上报文件上传故障时，能及时发现并处理，降低因上报不及时造成的考核风险。本模块还提供依据发电企业、时间、风光类型等多种查询条件，筛选查询各发电企业清洁能源电站历史上报状态、上报率、上报厂家等详细情况的功能。

（3）在准确率走势分析模块中以分析历史准确率变化为中心，提供正态分布、离散点、箱线图等多种统计分析方式，以实现多角度分析各预测厂家预测能力提升幅度的功能。功率预测对比图如图 5-6、图 5-7 所示。

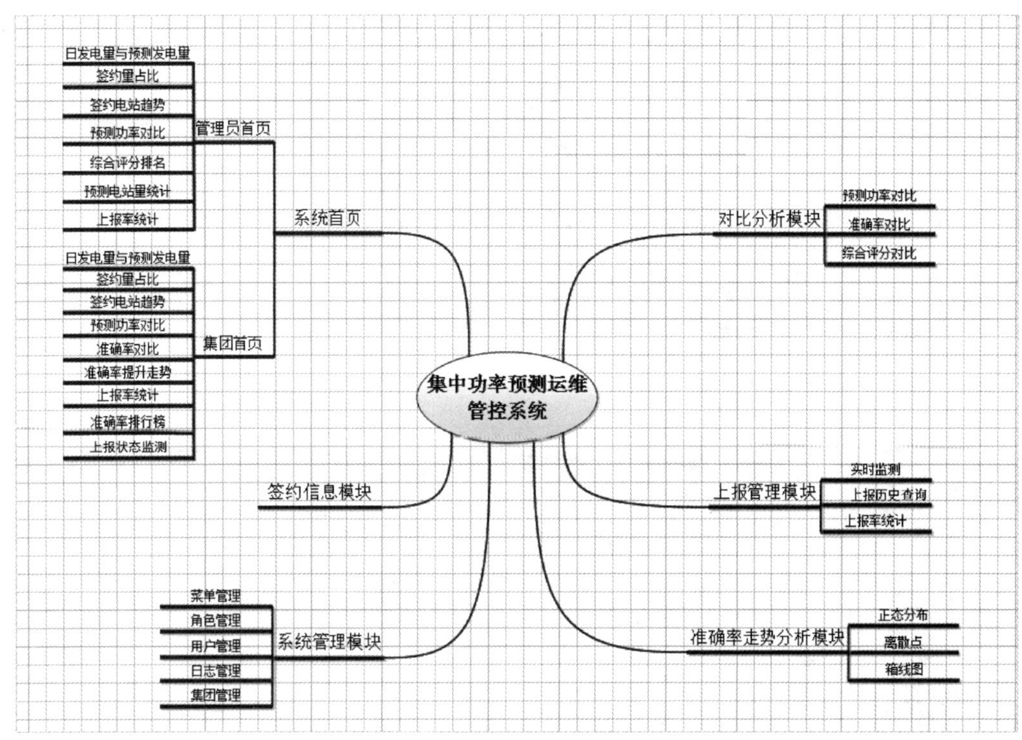

图 5-5 集中功率预测系统功能逻辑图

5.2.3 效益分析

通过集中功率预测模式，将电站的预测准确率、上报率等指标折算成考核分数，实现了直接从大数据中心向省调报送，避免了在电站现场进行预测和上报的情况，有力支撑了电站“无人值班、少人值守”的运行模式，带来了客观效益。

（1）集中功率预测系统能够满足多个厂家、清洁能源场站都在同一系统上统一下单、管理、数据查询分析、比较预测结果等需求，保证了系统数据的统一展示和考核分析。使用能源大数据中心集中功率预测后，发电企业可直接在系统中观看自己所辖电站的功率预测情况和考核预测结果。

（2）不同功率预测厂商对同一电站的预测信息对于入驻的发电企业来说是开放透

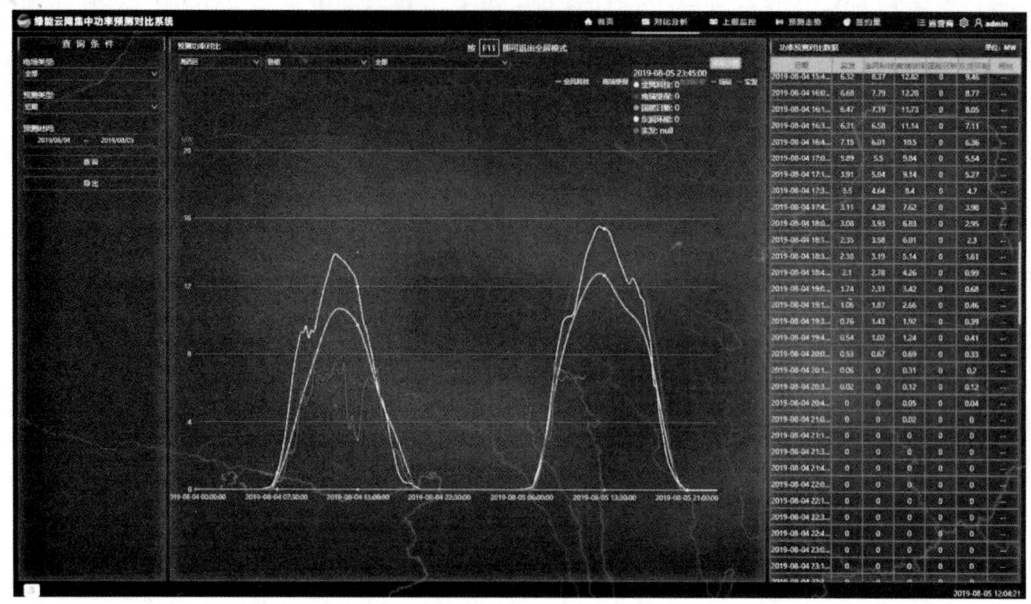

图 5-6 功率预测对比图一

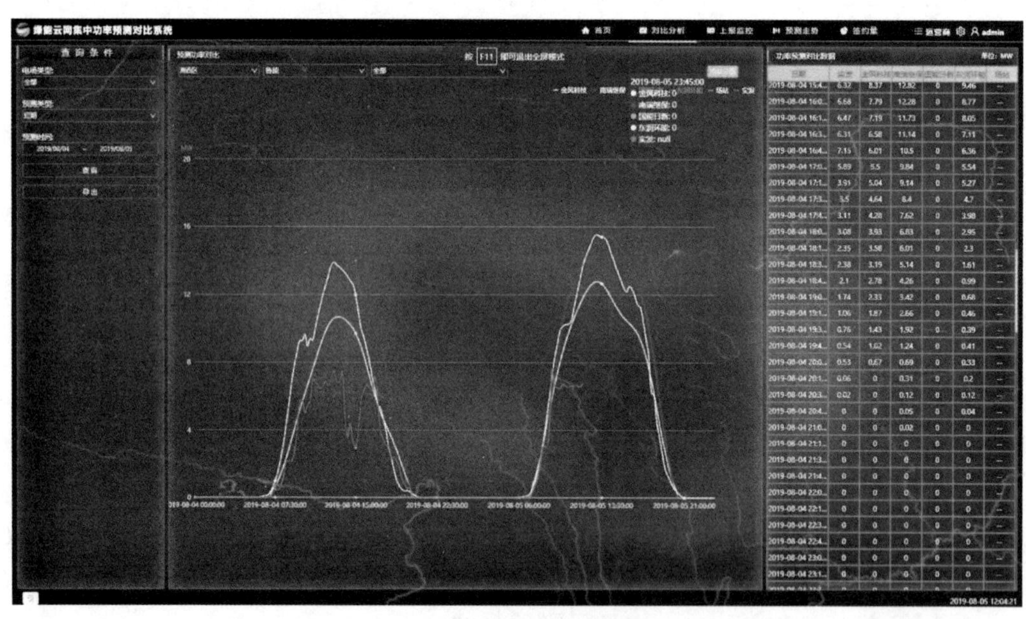

图 5-7 功率预测对比图二

明的，以方便发电企业直观地看到哪家预测提供商提供的预测结果精度最高，并可以通过平台下单、以灵活购置的方式选择适合自己的功率预测服务商。打破了原有场站单一、固定的功率预测服务模式，降低了电站考核风险。到年底后如果觉得其他功率预测提供商的预测精度更高，可以无缝选择和切换，避免了更换功率预测提供商造成的费用成本。

(3) 在集中功率预测中，预测服务提供商只需要关注预测算法，无须再到电站进行实地处理，只需直接在大数据中心进行处理，避免了传统预测系统的分散式部署维护，以及服务出现异常后到达现场处理的时间偏差和故障处理时间。大数据中心负责功率预测结果的上传和省调报送以及保障大数据中心到省调的通道畅通，能够及时有效处理问题。电站现场只负责集控平台数据传输的准确性和及时性即可，无须像传统方式那样定期开展数值天气预报信息拷贝等工作。

(4) 新建电站只配置本站环境监测装置，可不再配置功率预测系统，能够节省设备采购、维护及后续升级成本，每座新建电站可减少功率预测系统投资 20 万～30 万元。

5.3 托管运维

5.3.1 概述

大型开发商面临的挑战是运营维护人员短缺，人员成本高，集团需要向更加集中化、智能化、高效益转型。

中小型投资商面临的挑战是在市场与销售方面，售电经验及电网关系经营不足，电量消纳困难；技术实力方面，技术薄弱、积累有限，有些投资商或者运营商极可能是初次投资项目；运营管理体系方面，缺乏成熟、经过验证的管理体系，运营成本较高，存在很大运营风险。

托管运维以资产全托管的合作方式为客户提供服务：线上服务＋线下服务＋电量交易，担保投资收益，使得客户的资源和精力高效集中在投资端，以获取更大的收益和价值，资产全托管业务图如图 5－8 所示。

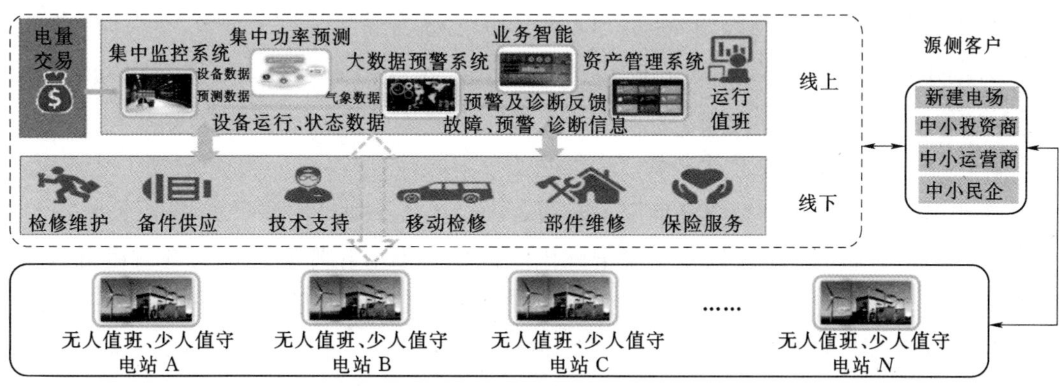

图 5－8 资产全托管业务图

托管解决方案分为两类：

（1）针对新建电站数字化资产运营的托管解决方案。

（2）针对中小型投资商、中小型清洁能源运营商、中小民营企业的资产全托管解决方案。

5.3.2 解决方案

5.3.2.1 新建场站数字化资产运营托管

新建清洁能源场站从建设质保过期开始，对场站未来生命周期内的经营运维完全委托给大数据中心，清洁能源开发商只需保留预算，无须配备运营人员编制，从而提升管理和资产运营效率。大数据中心依托各运维团队在清洁能源场站设计开始即植入至少5年的长期资产托管服务，最长合同期限为资产出质保开始至资产寿命终止，大数据中心对场站内的发电设备、升压站、线路等的运行监控、检修维护、共享备件以及大部件保障、部件维修、电量交易等提供全面服务。新建场站数字化资产运营解决方案服务内容图如图5-9所示。

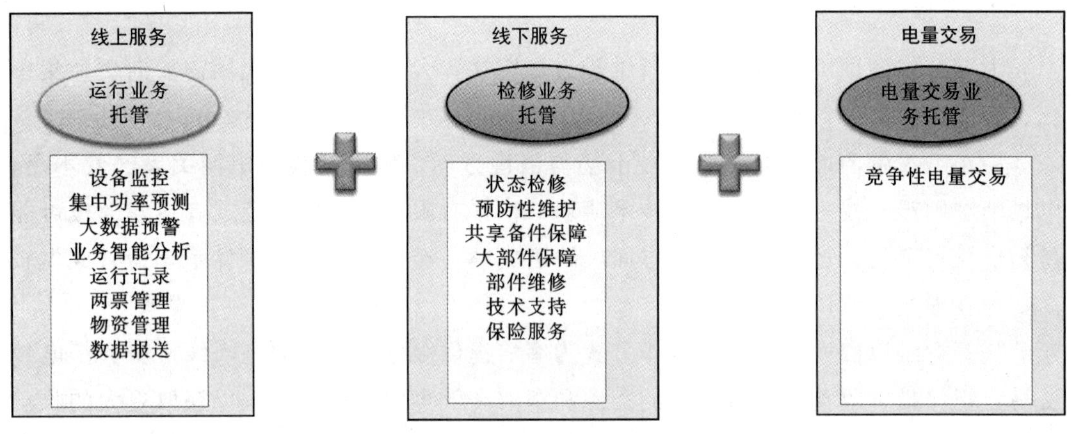

图5-9 新建场站数字化资产运营解决方案服务内容图

在该业务的竞争力构建方面，可以考虑通过场站资产全面托管的方式提升发电量，通过托管竞争性电量交易促进场站电量消纳，从而增强该解决方案对市场的吸引力和价值。

5.3.2.2 中小企业存量资产全托管

中小型投资商、中小型清洁能源运营商、中小民营企业等的存量资产经营运维可以全部托管给平台，从而解决客户电量消纳困难问题，以增收降本并控制电站运营风险。平台通过整合技术资源与应用服务能力，可以实现监控业务托管、运行业务托管、评估业务托管、检修业务托管、电量交易业务托管等托管业务。根据客户需求灵活组合成资产全托管解决方案，中小企业存量资产全托管解决方案服务内容图如图5-10所示。

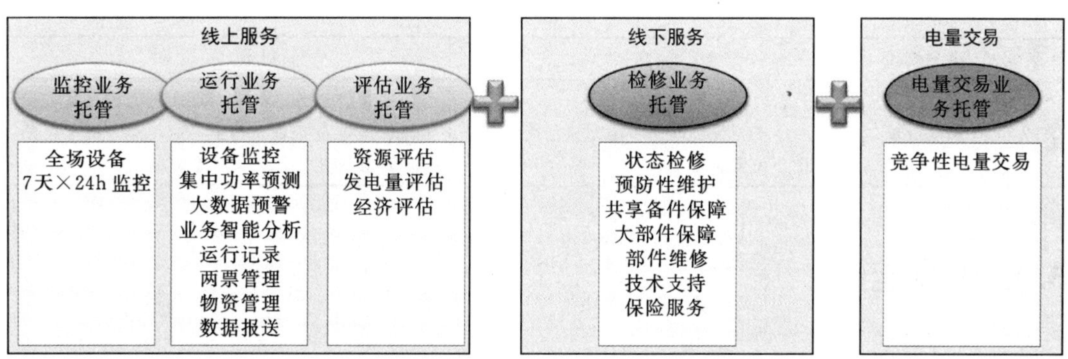

图 5-10　中小企业存量资产全托管解决方案服务内容图

解决方案的目标核心是提升资产价值，即一方面降低运营成本（运维成本有效降低），另一方面提升发电收入（降损；提效；增大多样化的增量售电能力）。资产全托管解决方案真正实现客户资产的一站式服务，以发电量担保或者售电量担保的共赢共担合作方式彻底解放客户在资产运营端投入的精力，使得客户的资源和精力高效集中在投资端，从而获取更大的收益和价值。

5.3.3　效益分析

资产全托管解决方案的客户及价值分析表见表 5-2。

表 5-2　　资产全托管解决方案的客户及价值分析表

序号	目标客户	价　值　主　张
1	省内新建清洁能源场站	（1）出保后合同期至少 5 年内的经营风险锁定。 （2）享受更加专业高效的经营成果，无须配备大量人员，减少由此带来的管理成本
2	中小投资商	全托管模式释放客户在资产运营端的精力，高效集中资源和精力在投资端，获取更大的收益和价值： （1）依托大数据中心的电网背景，消除客户售电经验及电网业务不专的难点，提升消纳上网电量，提高投资回报率。 （2）以成熟的运营管理体系作为支持，降低运营风险。 （3）弥补技术实力不足，提升运行能力、提高检修质量，降低设备运行风险、降低电量损失
3	中小运营商	
4	中小民企	

针对资产全托管解决方案，平台可以通过两种盈利方式获取收益。资产全托管解决方案的盈利模式分析表见表 5-3。

表 5-3　　资产全托管解决方案的盈利模式分析表

序号	盈利模式	目 标 客 户	盈 利 模 式 说 明
1	托管服务	（1）省内新建清洁能源电站。 （2）中小型投资商、中小型清洁能源运营商、中小民营企业	根据与客户的长期协议，按照服务内容、服务资产量级向客户按年收取托管服务费

续表

序号	盈利模式	目标客户	盈利模式说明
2	利润分成	（1）省内新建清洁能源场站。 （2）中小型投资商、中小型清洁能源运营商、中小民营企业	按托管的效果与客户协商分成收费（发电量担保、售电量担保、可利用率担保），风险共担，利益共享

5.4 共享运维

5.4.1 背景

在清洁能源电站精益化、集中化、共享化运维成为趋势的背景下，建立一套集中化、高可靠性、可共享的清洁共享运维管理 APP，符合清洁能源电站运营企业集中化的监控及共享运维服务的发展趋势。

由于各电站及设备水平不同以及清洁能源运维过程中现场运维工程师能力及任务饱和度不一，每增加一个电站，按照 8～12 人编制进行人员增派，目前电站运维管理工作效率低。研发共享运维管理 APP，可以实现现场运维人力资源的共享，各运维工程师可以通过 APP 进行注册、接单，电站运维工作实现中心端运行与现场工单维护的联动协同。该 APP 还可以实现电站集中化运行管控，在集控端实现清洁能源电站的共享运行，提高电站运维效率，降低运维成本。

5.4.2 解决方案

1. 注册及接单

各运维工程师可以通过研发共享运维管理系统 APP 进行注册、接单，实现现场运维人力资源的共享，同时通过标准化的注册信息对运维工程师的基本信息、技能、资质进行管理，实时汇总运维工程师的历史接单记录及服务评价。一方面运维工程师通过 APP 实时接收系统发布的运维任务要求及地点，方便抢单；另一方面方便业主了解接单运维工程师的基本信息。

2. 共享知识及积分

通过共享运维管理系统 APP 的共享知识库建设，可以搜集各领域不同专家的经典运维知识，通过积分制建设，促进专家知识建设的积极性和知识分享，提高运维水平。

3. 悬赏及推送任务

对于具有一定难度的、技术水平要求较高的、较为艰苦的运维任务，在一定时段没有运维工程师抢单后，可通过追加悬赏提高任务吸引力，也可由系统匹配相应的运维工程师进行任务推送，并告知业主具备维护能力的工程师的联系方式，便于线下沟通，促使运维任务尽早完成。

4. 标准维护工单推送

可向运维工程师推送标准维护工单，方便运维工程师提前准备相应的备件、工器具，了解维护任务的工序，保障工作一次做好，提高运维效率，减少发电量损失，提高电站收益。

5. 运维路径规划

自动规划当前地点到达目的地的路径，有多个运维任务时，还可以设置途经地点。使得运维人员少走弯路，提高运维效率。

6. 移动两票

通过建设共享运维管理系统APP，可以使运维工程师与集中运营的集控中心随时进行互动，进行工作票、操作票的开票、签发、许可等环节的在线审批，大幅度提高两票审批速度，减少等待时间及往返路程，提高工作效率。

7. 设备运行信息实时监视

方便业主和运维人员及时了解监控范围内的场站基本运行状况，同时方便导航到具体关注点，也能够监控需要进行特殊关注的场站，通过列出的场站列表进入具体的场站信息页面。

8. 基于大数据的关键绩效指标（key performance indicator，KPI）挖掘分析

业主通过共享运维管理系统APP可以及时了解电站基于大数据的指标分析，数据来源包括多种供应商、多种设备的运行数据、故障数据、维护数据、物资数据，还包括气象、人员等相关数据。可以对电站的产能、损耗指标进行分析，还可以对经营指标、可靠性指标进行分析。可以在APP中呈现主要指标及指标的健康情况，可以对主要指标进行横纵向追溯，横向是指该指标在同类（如两个场站或一个场站多个风电机组）的追溯对比，纵向是指该指标在时间维度上同比、环比的结果。展示和公司、电站经营相关的指标，便于不同管理角色了解经营KPI。从投资和绩效管理的角度看，主要的指标有区域月投资收益率（可钻取），每月清洁能源电站发电量可利用率（可钻取），每月清洁能源电站时间可利用率（可钻取），当日当月当年累计发电量，月计划/实际发电量（可钻取），月收益（可钻取），区域PBA、停机时间排序等。

9. 功率预测

可方便业主和运维工程师及时了解预测结果，了解未来风能、太阳能等资源与发电情况，合理安排维护工期。

5.4.3 效益分析

共享运维管理系统APP避免了运维工程师技能、资质不清晰，没有统一管理的

问题；解决了运维知识没有统一分享平台的问题；解决了运维作业不标准，运维效率低下的问题；解决了两票审批等待时间长；往返路径多等问题；解决了不能随时随地查看设备运行状态、运行数据的问题；解决了不同场站、不同设备、不同类型的海量、异构数据的挖掘分析问题；解决了因为盲目安排运维工期，造成发电量损失的问题。

5.5 设备智能诊断

5.5.1 背景

清洁能源设备的可靠运行无论是对发电企业经济效益的提升，还是对电网实现清洁能源出力波动的预测及平抑都具有很强的现实作用。设备停机的原因经常为关键大部件出现严重损坏或运行在严酷的外部环境中。这种“不知不觉”“后知后觉”的状态降低了设备的可利用率及安全性，增加了维护成本。

另外，随着清洁能源场站无人化值守的推广，原有通过巡检、实地探查完成的工作将不可实现，倒逼清洁能源场站必须利用数据进行设备运行工况及潜在故障的预判、预知与预安排。这对数字化预测、数字化诊断的要求更高，因此对清洁能源设备的健康预警及管理尤为必要。

5.5.2 解决方案

对于清洁能源设备（例如风电机组或光伏设备）在运行过程中的亚健康运行状态，应通过不同的预警算法应用及时发现并产生报警，同时应能通过系统及时、准确地将报警信息告知给值班人员，便于尽快判断亚健康问题的具体内容、状态情况并采取应对措施。但由于不同的预警算法应用都是一个在后台运行的算法服务，本身只有计算和报警功能，不具备主动信息告知功能，因此，需要有预警信息管理应用，以实现对预警算法产生的预警信息进行发送告知和与生产管理系统工单对接并处理跟踪的功能，及时将不同预警算法应用 APP 产生的报警信息推送给用户。预警信息需要很高的及时性。一旦出现预警信息后需要主动通知到用户，避免客户被动发起信息请求。设备健康管理界面如图 5－11、图 5－12 所示。

5.5.3 效益分析

（1）通过亚健康预警，可以充分洞察清洁能源设备的健康水平，同时可以结合清洁能源场站功率预测数据制定清洁能源场站在未来时段的发电计划，合理安排人员调配和设备检修计划，使资源得到充分利用，以实现清洁能源场站的计划管理水平和人

图 5-11　设备健康管理界面一

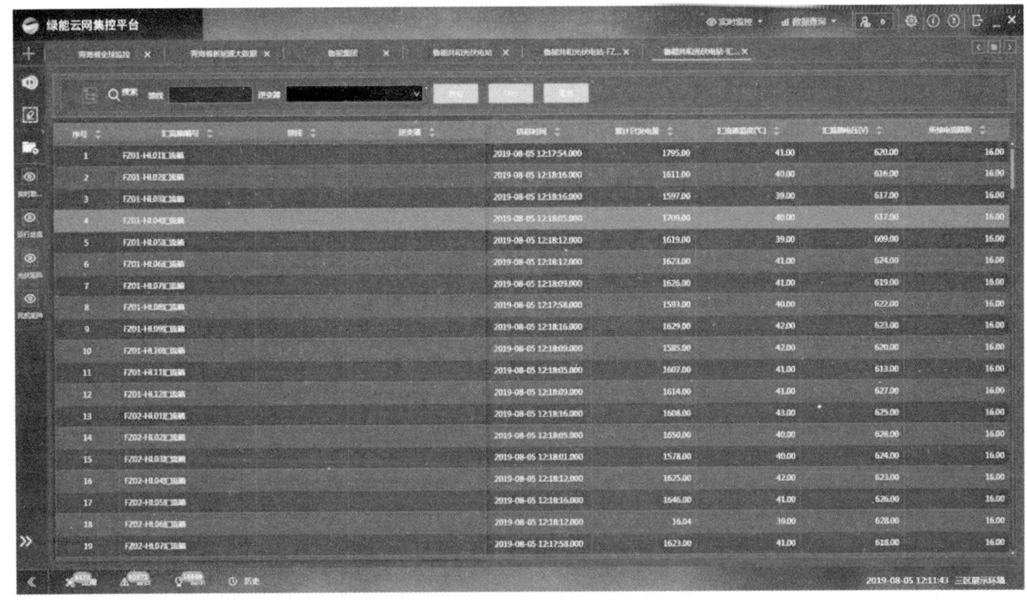

图 5-12　设备健康管理界面二

财物利用效率。应用亚健康预警研究成果，预计管理效率可提升 20%以上，运维工程师人均劳动效率提升 5%以上。以 10 个 5 万 kW 的风电场为例，运维成本下降不低于 15%。

(2) 通过对清洁能源设备（例如风电机组和光伏设备）的亚健康预警应用，逐步推动清洁能源场站运维由被动的故障后运维转向主动的预测性维护。提升清洁能源设备的运行可靠性和稳定性，降低清洁能源设备的非计划性停机次数，降本增效，提高清洁能源场站设备的经济效益。应用设备亚健康预警技术研究成果，预计年非计划停机时间减少5%以上，设备运行稳定性提升10%以上，经济效益提升10%～20%。

（3）清洁能源在我国国家能源战略中的占比日益增重，对于发电电源侧，提升并网安全可靠性，提高电网安全稳定运行水平十分重要。通过清洁能源设备亚健康预警技术的应用推广，可以使清洁能源设备运行更安全、可靠，降低意外停机等故障概率，可以更好地融入国家电网公司“三型两网”的发展战略，为泛在电力物联网的落地应用添砖加瓦。

参 考 文 献

[1] 卞忠伟. 基于智能学习的可再生能源预测方法研究 [D]. 南京：南京邮电大学，2019.

[2] 吴江波. 新能源集中监控系统关键技术的探索与实现 [C] //江西省电机工程学会. 2019年江西省电机工程学会年会论文集. 2019.

[3] 杨茂，杨宇. 基于小波包与LSSVM的短期光伏输出功率预测研究 [J]. 可再生能源，2019，37（11）：1595-1602.

[4] 李英，钱建国，方响，杨翾，董航，杨兴超. 基于大数据背景的集中监控辅助决策系统研究 [J]. 浙江电力，2019，38（10）：34-39.

[5] 彭周宁，林培杰，赖云锋，程树英，陈志聪. 基于混合灰色关联分析-广义回归神经网络的光伏电站短期功率预测 [J]. 电气技术，2019，20（10）：11-18.

[6] 张强，邹晗，孙子元. 光伏发电预测及并网分析 [J]. 中国设备工程，2019（16）：179-180.

[7] 许国春. 基于数据驱动的风电场功率短期预测研究 [D]. 乌鲁木齐：新疆大学，2019.

[8] 王建辉. 风电场短期功率预测及爬坡识别方法研究 [D]. 株洲：湖南工业大学，2019.

[9] 张瀚超. 基于神经网络组合模型的风电场短期功率预测方法研究 [D]. 株洲：湖南工业大学，2019.

[10] 韦航宇. 基于GA-BP神经网络的光伏电站短期发电功率预测 [D]. 南宁：广西大学，2019.

[11] 陈祖成. 基于改进深度置信网络的风电场短期功率组合预测研究 [D]. 石家庄：石家庄铁道大学，2019.

[12] 马嘉翼. 基于动态规律建模的风电功率预测方法研究 [D]. 济南：山东大学，2019.

[13] 周宜. 大数据背景下的风电功率超短期预测 [D]. 吉林：东北电力大学，2019.

[14] 张晔. 短期风电功率组合预测及其不确定性的研究 [D]. 郑州：华北水利水电大学，2019.

[15] 焦田利. 基于时空关系的广域分布式光伏发电群出力预测关键模型研究 [D]. 杭州：杭州电子科技大学，2019.

[16] 姚然. 大规模风电功率预测及其与火电联合动态经济调度研究 [D]. 北京：华北电力大学，2019.

[17] 张婷婷. 并网光伏发电出力的预测误差建模研究 [D]. 北京：华北电力大学，2019.

[18] 连魏魏. 基于天气条件划分的光伏功率预测方法 [D]. 北京：华北电力大学，2019.

[19] 吴涛. 深度学习在光伏电站中的应用研究 [D]. 西安：西安热工研究院有限公司，2019.

[20] 朱文秀，仓思雨，胡中臣，宗恒卿，张兰红. 光伏发电功率预测技术综述 [J]. 电源世界，2019（1）：45-48.

[21] 杨锋，李敬. 新疆小山口梯级水电站集中监控系统设计与实现 [J]. 水电厂自动化，2018，39（4）：10-13，16.

[22] 谷海昌. 风电场集中监控系统的研究 [D]. 石家庄：河北科技大学，2019.

[23] 蔡谷奇，袁飞，马锐军，陈育辉，邓春婷，林宇钢. 基于物联网和数据挖掘的电缆集中监控系统 [J]. 现代计算机（专业版），2018（28）：71-75.

[24] 周盛龙，赵云芳. 区域风电集中监控系统安全防护方案探讨 [C]. //中国农业机械工业协会风力机械分会. 第五届中国风电后市场专题研讨会论文集. 2018.

[25] 庞博. 集中监控系统在信息系统运维中的应用 [J]. 中国新通信，2018，20（10）：81-82.

[26] 李华峰. 光伏电站集中监控系统研究与应用 [D]. 广州：华南理工大学，2018.
[27] 崔广伟. 互联网＋轨道衡远程在线监测系统的开发与应用 [J]. 中国计量，2018 (4)：92-93.
[28] 梁涛，梁晓婷. 基于 Web Services 的风电场集中监控系统的设计与实现 [J]. 高技术通讯，2018, 28 (2)：154-162.
[29] 闵寅成. 智能电网调度控制系统的变电站集中监控功能设计初探 [J]. 低碳世界，2017 (32)：53-54.
[30] 蒋家君. 视频集中监控系统结构及功能设计 [J]. 工程与建设，2017，31 (4)：454-457.
[31] 王芳. 分布式光伏发电站集中监控系统 [J]. 科技风，2016 (17)：166-167.
[32] 陈述平，杨锋，杨成群. 新型中小型水电站智能集中监控系统的建设与应用 [J]. 水电厂自动化，2016，37 (3)：12-16.
[33] 万黎升，曹洋，闫照云. 风电场群远程集中监控与生产管理系统设计 [J]. 江西电力，2016，40 (6)：13-17.
[34] 葛中魁. 移动无线网集中监控系统关键问题解决 [J]. 中国新通信，2016，18 (10)：13-14.
[35] 谢非. 大爬山风电场远程集中监控系统研究与设计 [D]. 北京：华北电力大学，2016.
[36] 张丽. 分布式电网集中监控系统的设计与实现 [J]. 企业技术开发，2015，34 (32)：82-84.
[37] 安廷爱. 集中监控在电力通讯系统中的应用 [J]. 通讯世界，2015 (16)：110-111.
[38] 李文明，张海. 风电场远程集中监控系统的建设 [J]. 大众用电，2015，30 (8)：26-27.
[39] 蔡海英. 电力系统大坝安全信息集中监控平台的建设与应用 [J]. 有色金属文摘，2015，30 (3)：130-131.
[40] 朱明星. 电网集中监控系统功能完善探讨 [J]. 安徽水利水电职业技术学院学报，2014，14 (4)：55-58.
[41] 陈俊杰，潘飞来，李龙. 变电站接入智能电网调度控制系统的集中监控方案 [J]. 大众用电，2014，29 (12)：28-29.
[42] 金勇. 智能电源在动力设备及环境集中监控系统中的简易接入 [J]. 通信电源技术，2004 (5)：39-40.

《大规模清洁能源高效消纳关键技术丛书》编辑出版人员名单

总 责 任 编 辑　王春学
副总责任编辑　殷海军　李　莉
项 目 负 责 人　王　梅
项 目 组 成 员　丁　琪　邹　昱　高丽霄　汤何美子　王　惠

《大数据辅助清洁能源生产服务技术》

责任编辑　高丽霄　王　梅
封面设计　李　菲
责任校对　梁晓静　曹　敏
责任印制　崔志强　冯　强